Bibliotecas virtuales para las CIENCIAS SOCIALES

Fraga, Jorge
Bibliotecas virtuales para las ciencias sociales / Jorge Fraga y Dominique Babini. - 1a ed. 1a reimp. - Buenos Aires : Consejo Latinoamericano de Ciencias Sociales - CLACSO, 2005.
128 p. ; 23x16 cm. (Campus virtual dirigida por Atilio A. Boron)

ISBN 987-1183-00-3

1. Bibliotecas Virtuales. I. Babini, Dominique II. Título
CDD 027.6 : 004.678

Otros descriptores asignados por la Biblioteca Virtual de CLACSO:
Bibliotecas Virtuales / Bibliotecas Digitales / Ciencias Sociales / CLACSO / Bibliotecas Especializadas / Bibliotecología / Automatización de Bibliotecas / Publicaciones Periódicas Electrónicas / Enseñanza a Distancia / Campus Virtual / Bibliotecarios / Biblioteconomía

Bibliotecas virtuales para las CIENCIAS SOCIALES

Dominique Babini
Jorge Fraga

BIBLIOTECA VIRTUAL DE CIENCIAS SOCIALES DE AMÉRICA LATINA Y EL CARIBE, DE LA RED DE CENTROS MIEMBROS DE CLACSO

La Biblioteca Virtual es un esfuerzo cooperativo de los 159 Centros Miembros de CLACSO en 21 países de América Latina y el Caribe, y de nuestros colegas en CLACSO:

Florencia Vergara Rossi (Biblioteca y Bases de Datos), Gustavo Navarro (Red Académica Electrónica), Gabriela Amenta (Campus Virtual).

Consejo Latinoamericano de Ciencias Sociales CLACSO **Conselho Latino-americano de Ciências Sociais**

Colección Campus Virtual de CLACSO

Director de la colección: Atilio A. Boron - Secretario Ejecutivo de CLACSO

Campus Virtual de CLACSO: Gabriela Amenta - Coordinadora
María Inés Gómez - Asistente

Área de Difusión de CLACSO

Coordinador: Jorge A. Fraga
Arte y Diagramación: Miguel A. Santángelo / Lorena Taibo
Edición: Florencia Enghel
Revisión de pruebas: Mariana Enghel
Logística y Distribución: Marcelo F. Rodriguez
Sebastián Amenta / Daniel Aranda

Impresión: Gráficas y Servicios SRL
Imagen de tapa: Diseño de Miguel A. Santángelo

Primera edición:

"Bibliotecas virtuales para las ciencias sociales"
(Buenos Aires: CLACSO, julio de 2004)

Primera reimpresión julio 2005

Patrocinado por

Asdi
Agencia Sueca de
Desarrollo Internacional

INASP
International Network
for the Availability of Scientific Publicationes

Campus Virtual
de CLACSO

CLACSO
Consejo Latinoamericano de Ciencias Sociales
Conselho Latino-americano de Ciências Sociais
Av. Callao 875, piso 3° C1023AAB Ciudad de Buenos Aires, Argentina
Tel: (54-11) 4811-6588 / 4814-2301 - Fax: (54-11) 4812-8459
e-mail: clacso@clacso.edu.ar - http://www.clacso.org

ISBN 987-1183-00-3

Indice

Al lector

Este libro fue pensado para los investigadores, bibliotecarios, editores, informáticos, webmasters y otros protagonistas del proceso de crear, editar, procesar, difundir y brindar acceso a los conocimientos producidos por las ciencias sociales de América Latina y el Caribe.

El Consejo Latinoamericano de Ciencias Sociales (CLACSO) es un organismo internacional no gubernamental que agrupa a más de ciento cincuenta y nueve centros de investigación y programas de postgrado en ciencias sociales de veintiún países de América Latina y el Caribe. Los objetivos de CLACSO como red académica son la promoción y el desarrollo de la investigación y la enseñanza en los más diversos campos de las ciencias sociales, como así también el fortalecimiento del intercambio y la cooperación entre instituciones e investigadores, y la diseminación de los resultados de la labor de los científicos sociales en las sociedades de América Latina, el Caribe y en otras regiones.

Para lograr el mayor impacto de la producción de sus Centros Miembros en la comunidad y facilitar el intercambio y la cooperación, CLACSO ha iniciado desde hace ya unos años el desarrollo de una Biblioteca Virtual de Ciencias Sociales para América Latina y el Caribe cuya metodología y modalidades de participación se describen aquí junto con capítulos más teóricos e históricos sobre el tema de las bibliotecas virtuales y las ciencias sociales.

Este libro es también una invitación a los centros de investigación de ciencias sociales de la región a sumarse a un esfuerzo cooperativo para mejorar la difusión de, y el acceso a, los conocimientos generados por las ciencias sociales de América Latina y el Caribe, y lograr un mayor impacto de estos conocimientos para el mejoramiento de nuestras sociedades.

Dr. Atilio Boron
Secretario Ejecutivo
CLACSO

Introducción

Atilio A. Boron*
y Sabrina González**

La amplitud y profundidad de los cambios experimentados en la segunda mitad del siglo XX –y muy especialmente desde el desencadenamiento de la conocida "tercera revolución industrial" en los años setenta– ubican a nuestra convulsionada época como una de las más dinámicas y potencialmente revolucionarias de la historia. En este sentido, las nuevas tecnologías de la información (NTICs) nos han brindado, desde su aparición y creciente expansión y desarrollo, posibilidades y recursos en constante renovación. La investigación y el intercambio formativo se han transformado (y siguen haciéndolo) cualitativa y cuantitativamente a partir del acceso a bibliografías, datos e informaciones de todo tipo. Su pleno aprovechamiento, sin embargo, requiere introducir un cambio muy significativo en los estilos de trabajo y los hábitos y costumbres intelectuales y académicos tal como tradicionalmente los conocíamos hasta el momento. En este sentido, el saber convencional de las ciencias sociales –fragmentarias, a-históricas, cerradas en lo estructural– está a nuestro entender condenado al estancamiento y el agotamiento intelectual.

En correlato con lo dicho es que les proponemos recordar que nuestros países han sabido ser el suelo fecundo para el desarrollo de una reflexión que cuestionara creativa y originalmente las visiones de los saberes convencionales y los poderes establecidos. Pensemos simplemente en la gravitación del "desarrollismo", surgido de la pluma de autores de la talla de Raúl Prebisch, Celso Furtado y Aníbal Pinto, entre otros, o en los alcances de la teología de la liberación, la pedagogía del oprimido de Paulo Freire, la teoría de la dependencia y la geografía social de Milton Santos. Este fenomenal despliegue de producción teórica y científica en América Latina y el Caribe sufrió un duro embate en los períodos de regímenes dictatoriales. La pregun-

* Secretario Ejecutivo del Consejo Latinoamericano de Ciencias Sociales (CLACSO). Ph.D. en Ciencia Política por la Universidad de Harvard; Magister en Ciencia Política de la Facultad Latinoamerica de Ciencias Sociales (FLACSO-Santiago de Chile). Titular de las cátedras de Teoría Política y Social I y II en la Facultad de Ciencias Sociales de la Universidad de Buenos Aires (UBA). <aaboron@campus.clacso.edu.ar>

** Licenciada en Ciencia Política de la Universidad de Buenos Aires (UBA). Docente de Teoría Política y Social I en la Facultad de Ciencias Sociales (UBA). <sgonzale@campus.clacso.edu.ar>

ta clave en nuestros días es si seremos capaces de recuperar al menos en su espíritu el valor de semejantes producciones integrando todos estos nuevos recursos. Éste es el desafío por delante, ya que creemos que si las ciencias sociales tienen todavía algún destino en América Latina y el Caribe, éste no es otro que el de ser la conciencia crítica para nuestros contemporáneos, fuente inagotable de nuevos interrogantes e incansable imaginadora de otros mundos posibles. Ésa es nuestra misión y a ella nos debemos.

El rol de las plataformas virtuales

Mencionamos ya la transformación en los hábitos seculares de los intelectuales y académicos tras la puesta en marcha de los cambios propuestos por las NTICs. No obstante, no está de más aclarar que los mismos han supuesto y propuesto modalidades y prácticas que concitaron múltiples reacciones. Para ser justos, debemos incluir una gama de opciones. Por un lado, el rechazo abierto y militante y, en el extremo contrario, la aceptación incondicional y a-crítica. En medio de estos polos se agolparon una serie de posiciones intermedias, "grises", que matiza(ba)n coloridamente el espectro.

Es evidente, a esta altura, que estas modificaciones han llegado para quedarse, y que más allá de los comentarios y lecturas que suscitarán, se está en presencia de una nueva realidad cargada de enormes potencialidades para las labores de docencia e investigación de las ciencias sociales. Ante la magnitud de las oportunidades ofrecidas, y también de los peligros que en ellas anidan, los centros de investigación y estudio de las ciencias sociales no pueden responder con la indiferencia.

Fieles a este diagnóstico, y gracias al apoyo de diversas instituciones y fundaciones –tales como CEPAL/CLADES, BIREME, Universidad de Colima, IDRC/CIID, UNESCO, Asdi/SAREC y la Fundación Andrew Mellon, por ejemplo– diversas instituciones de ciencias sociales de la región desarrollaron proyectos de plataformas virtuales para permitir a las instituciones, los investigadores y los estudiosos el acceso a distancia a recursos de información (bases de datos bibliográficas y de referencia, catálogos de biblioteca, textos completos), recursos de difusión (edición electrónica de publicaciones y acceso vía web a textos completos), recursos de capacitación (contenidos para cursos a distancia y contenidos para formación de docentes a distancia), y recursos de teletrabajo (salas virtuales para trabajo en equipo, reuniones virtuales y teleconferencias).

CLACSO fue pionero en esta región del mundo en lanzar varios proyectos en el campo de la comunicación e información electrónicas, llevando a cabo un esfuerzo sistemático orientado al desarrollo de redes electrónicas especialmente destinadas a atender las necesidades de los científicos sociales en América Latina y el Caribe. Simultáneamente, y con el propósito de facilitar el pleno aprovechamiento de las potencialidades del teletrabajo, el Consejo se abocó a la tarea de promover el entrenamiento de los investigadores latinoamericanos y caribeños en las nuevas tecnologías y la creciente utilización de las redes electrónicas como instrumentos de efectiva vinculación y cooperación internacional. Entre estos proyectos cabe mencionar la *International Development Information Network* (IDIN) y la Red de Redes de América Latina y el Caribe, que tuvieron un papel trascendental en la conformación de la Red Académica Electrónica y la actual plataforma del Campus Virtual de CLACSO.

Como es bien sabido, la investigación científica ocupa un papel vital en los nuevos procesos económicos y sociales del capitalismo mundializado. Las transformaciones en los modos de producción de la información y el conocimiento han cambiado la labor académica de una manera significativa. Bajo estas condiciones, la capacidad de procesar adecuadamente la información, enjuiciar críticamente la misma y optimizar la creatividad y las potencialidades innovadoras de investigadores y profesores, asume una fundamental importancia. De ahí que hoy más que nunca los científicos sociales necesiten encontrar formas ágiles de mantenerse al día, y que no sólo sean coherentes con sus preocupaciones intelectuales sino que sirvan asimismo para potenciar su instrumental analítico en medio de la confusión imperante frente al creciente volumen de información que circula. La clásica distinción entre información y conocimiento es más necesaria que nunca en la presente situación: la fenomenal acumulación y vertiginosa circulación de la primera han servido, en muchos casos, para impedir la gestación de un conocimiento verdadero sobre aquello que Maquiavelo denominaba "la verdad efectiva de las cosas". No necesariamente la exuberancia informativa opera en detrimento del conocimiento, y la apuesta en relación a las NTICs se fundamenta precisamente en la convicción de que mediante una adecuada preparación esta contradicción puede resolverse favorablemente.

Es necesario trabajar sobre varios frentes: por una parte, para tratar de esclarecer entre los científicos sociales las abrumadoras confusiones que rodeaban la temática de las NTICs, separar cuidadosamente las ficciones y fantasías de los hechos; por la otra, colaborar en el entrenamiento en las nuevas tecnologías y hacer posible el *aggiornamento* del quehacer de la investigación, desarrollando un modelo de trabajo accesible a la comunidad científica y poniendo en marcha un intenso programa de transferencia de destrezas, tecnologías y metodologías de trabajo.

Frente a los primeros resultados de las experiencias de bibliotecas virtuales/digitales y campus virtuales en la región, y las potencialidades que presentan estas modalidades de trabajo en términos de cooperación académica para una renovación del pensamiento crítico en la región y de renovación de los contenidos de la educación en ciencias sociales, los centros de investigación y docencia de las ciencias sociales en América Latina y el Caribe debemos unir nuestros esfuerzos para lograr un efecto multiplicador de los proyectos institucionales.

Si en el pasado la cooperación entre los países de la región adolecía de la inevitable intermitencia que imponían las grandes distancias existentes en la región y los costos del intercambio académico y bibliotecológico entre países, el funcionamiento de plataformas virtuales en Internet hace hoy posible el mantenimiento de una fecunda continuidad en la labor de los académicos de la región, potenciando la interacción entre los investigadores de los centros de diferentes países y facilitando enormemente la diseminación de los avances y resultados de sus actividades.

Qué oportunidad ésta para una renovación de las ciencias sociales de adquirir una dinámica más efectiva que en el pasado, cuando las grandes distancias y las dificultades de comunicación se erigían como obstáculos de primer orden que permanentemente menoscababan las actividades y programas académicos. Por otra parte, es preciso señalar que las nuevas tecnologías informáticas permiten contar con un instrumento de evaluación y control de gestión más adecuado, con lo cual se crean las condiciones para una asignación óptima de los siempre escasos recursos financieros y humanos y para una democratización del acceso público a los conocimientos generados por las ciencias sociales en la región.

Cada una de las actividades académicas desarrolladas en plataformas virtuales (campus virtuales, bibliotecas virtuales/digitales, etc.) exige la investigación, el desarrollo y la implementación de metodologías de trabajo, como así también la preparación de protocolos de normas y procedimientos y manuales, amén de instancias presenciales. En el caso particular de CLACSO, esta tarea requirió una visión estratégica y la organización de gran parte de las actividades regionales de investigación, docencia y difusión a partir de la plataforma virtual (campus virtual, biblioteca virtual, website) donde el trabajo en equipo entre la biblioteca, el área académica y la edición de publicaciones es clave para el éxito de la biblioteca virtual y el campus donde se dictan los cursos.

No se trata de acumular computadoras sino de acuñar ideas y estrategias capaces de aprovecharlas, concientes de las limitaciones y posibilidades, para favorecer la aparición y consolidación de nuevos y mejores espacios de relación entre los investigadores de América Latina y el Caribe susceptibles de afianzar el pensamiento crítico de nuestra región.

El trabajo cooperativo para formar la Biblioteca Virtual de Ciencias Sociales de América Latina y el Caribe, de la red de Centros Miembros de CLACSO, es una de las contribuciones de CLACSO para promover y facilitar la difusión y acceso a la producción de las ciencias sociales de la región.

El ámbito de las Ciencias Sociales en América Latina y el Caribe: las instituciones y las fuentes de información

Para quienes tienen la responsabilidad de desarrollar bibliotecas virtuales para difundir la producción de su institución y/o facilitar el acceso a la producción de otras instituciones de ciencias sociales de América Latina y el Caribe, resulta necesario conocer el universo de instituciones de ciencias sociales en la región. Existen diversas iniciativas que contribuyen a ese conocimiento. A continuación describimos las principales.

CEPAL - Directorio en red de instituciones sociales de América Latina y el Caribe (DISALC)

Directorio de sitios web de instituciones, especialmente del área social (educación, salud, seguridad social, trabajo y vivienda), de diferente naturaleza, que se encuentren abiertos al público (a septiembre de 2003 registraba setecientas sesenta instituciones).

El directorio permite buscar instituciones por temas sociales, tipo de institución, país, acuerdos regionales y áreas geográficas.

El resultado muestra una breve descripción del sitio web de cada institución y brinda un enlace al sitio:

http://www.eclac.cl/dds/noticias/proyectos/6/7796/index.asp#

La División de Desarrollo Social de la CEPAL está trabajando en el diseño del proyecto RISALC, iniciativa que representa la continuidad del proyecto DISALC, Directorio de Instituciones Sociales de América Latina y el Caribe. RISALC se sustenta en la implementación de un sistema regional de información y comunicación especializado en pobreza, equidad y políticas sociales, mediante el cual busca proveer de servicios y productos a una audiencia segmentada, contribuyendo a la toma de decisiones en sus respectivos ámbitos de trabajo.

UNESCO

El Centro de Documentación de Ciencias Sociales y Humanas de la UNESCO viene realizando desde hace décadas un sistemático relevamiento de instituciones de ciencias sociales en el mundo. En 1974 la UNESCO creó la base de datos DARE, que contiene una detallada descripción de instituciones de investigación y enseñanza superior en ciencias sociales en el mundo, publicaciones periódicas en ciencias sociales en el mundo, y especialistas de ciencias sociales en el mundo.

Las bases de datos DARE pueden consultarse online (ver **Sitios web**) buscando por institución, país, nombre personal, temas, idioma, título de publicación, ISSN, etcétera. Como fuente de información sobre América Latina y el Caribe, DARE es limitada, pues pocas instituciones actualizan sus datos y la UNESCO no tiene recursos para realizar relevamientos sistemáticos en la región.

Recientemente crearon una sección de revistas de ciencias sociales donde se incluye el texto completo de setecientas publicaciones periódicas de ciencias sociales y humanas del mundo.

http://www.unesco.org/shs/shsdc/journals/shsjournals.html

Consejo Latinoamericano de Ciencias Sociales (CLACSO)

Por tratarse de la red académica de ciencias sociales de mayor alcance en la región, desde su creación en 1967 CLACSO viene realizando relevamientos sistemáticos para facilitar un mejor conocimiento de las instituciones de ciencias sociales que integran su red.

CLACSO es una institución internacional no-gubernamental, con relaciones formales de consulta con la UNESCO, creada en 1967 y que hoy agrupa a más de ciento cincuenta y nueve centros de investigación y programas de postgrado en ciencias sociales de veintiún países de América Latina y el Caribe. Sus objetivos son la promoción y el desarrollo de la investigación y la enseñanza en los más diversos campos de las ciencias sociales, así como también el fortalecimiento del intercambio y la cooperación entre instituciones e investigadores de dentro y fuera de la región. A través de estas actividades CLACSO intenta contribuir a repensar, desde una perspectiva crítica y plural, la problemática integral de las sociedades latinoamericanas y del Caribe.

Los Centros Miembros de CLACSO y los investigadores que se afilian individualmente al Consejo participan de un conjunto de programas y actividades tales como: grupos de trabajo sobre temáticas prioritarias para la región; cooperación Sur-Sur; concursos de becas para investigadores *senior* y *junior*; publicación de libros producidos por investigadores de la región; divulgación masiva de la producción de los Centros Miembros mediante la Biblioteca Virtual y bases de datos accesibles vía Internet; y capacitación a distancia para investigadores en ciencias sociales de la región a través del Campus Virtual.

La *Biblioteca Virtual de Ciencias Sociales de América Latina y el Caribe de la Red de Centros Miembros de CLACSO* permite en todo momento acceder a información sobre quién hace qué y dónde en la red de CLACSO. Cualquier persona con acceso a Internet puede consultar el sitio Web de CLACSO (ver **Sitios web**).

Del Directorio de Centros Miembros de CLACSO, que se actualiza semanalmente, y a partir del análisis del origen institucional de los Centros Miembros, surge que 56% son universidades (76% estatales y 24% privadas), 35% son ONGs, 6% son organismos regionales, y 3% son organismos gubernamentales.

La Base de Datos Bibliográfica de publicaciones de los Centros Miembros incluye los datos bibliográficos, un resumen descriptivo y una dirección de correo electrónico de cada publicación, para permitir a quienes consultan las bases de datos desde cualquier lugar del mundo comunicarse directamente con el investigador.

La Base de Datos de Investigaciones en Centros Miembros informa, para cada investigación, los datos del investigador, centro afiliado, plazos y metodología de trabajo, instituciones colaboradoras, financiamiento, un breve resumen descriptivo, descriptores temáticos, y el correo electrónico del investigador.

La Base de datos de Investigadores de los Centros Miembros, desarrollada en conjunto con el Área de la Red de CLACSO, permite al usuario de Internet acceder a una pantalla sencilla que facilita la búsqueda por nombre del investigador, tema de investigación (categorías Macrotesauro OCDE), tema de investigación (búsqueda libre), país del investigador y su correo electrónico, para facilitar el contacto directo.

En la Sala de Lectura se pueden encontrar los textos completos de libros, artículos de revistas y otros documentos de ciencias sociales de centros miembros y de otros organismos relacionados con las ciencias sociales de América Latina y el Caribe.

http://www.clacso.org/wwwclacso/espanol/html/biblioteca/fbiblioteca.html

Universidad Autónoma de México (UNAM) Citas Latinoamericanas en Ciencias Sociales y Humanidades (CLASE)

También en la década del setenta, desde la misma región de América Latina y el Caribe, se crearon diversas iniciativas para conocer mejor la producción de las ciencias sociales de la región. Es de destacar la iniciativa de la Universidad Autónoma de México (UNAM), que creó Citas Latinoame-ricanas en Ciencias Sociales y Humanidades (CLASE).

CLASE es una base de datos bibliográfica que contiene cerca de 200 mil registros bibliográficos de artículos, ensayos, reseñas de libros, revisiones bibliográficas y otros documentos publicados en más de 1.200 revistas de América Latina y el Caribe especializadas en ciencias sociales y humanidades. La base de datos se actualiza diariamente y más de 10 mil registros son agregados cada año.

CLASE permite buscar información en los siguientes campos: título de la revista, autores del documento, tema, título del artículo o documento, institución, palabra clave y año de publicación de la revista.

http://www.dgbiblio.unam.mx/clase.html

Como resultado de la búsqueda, la base de datos despliega registros completos que ofrecen además: el idioma en que está escrito el documento, la descripción bibliográfica del fascículo: volumen, número, mes(es) y páginas del documento, así como el tipo de documento y su enfoque. Previo al registro completo, se despliega un registro corto que muestra sólo el nombre del autor y el título del documento.

UNIVERSIDAD AUTÓNOMA DE MÉXICO (UNAM) LIB@UNAM

Es una base de datos creada en el año 2002 por la Dirección General de Bibliotecas de la Universidad Nacional Autónoma de México, con la colaboración del Comité del Libro Electrónico integrado el mismo año. Comprende los registros bibliográficos y el acceso a texto completo tanto del material adquirido por compra, canje o donación, como del obtenido a través de la firma de convenios de intercambio y colaboración. Asimismo, incorpora títulos producidos por la propia UNAM y obras que son del dominio público. Brinda la posibilidad de recuperar información de manera sencilla y rápida a través de sus diferentes opciones de búsqueda (palabras, título, autor, tema e índice o tabla de contenido), y despliega la información ya sea en formato HTML o PDF.

http://www.dgbiblio.unam.mx/e-libros.html

SCIENTIFIC ELECTRONIC LIBRARY ONLINE (SCIELO)

Scientific Electronic Library Online (Biblioteca Científica Electrónica en Línea) es un acceso a publicaciones científicas, pero principalmente un modelo para la publicación electrónica cooperativa de revistas científicas en Internet. Especialmente desarrollado para responder a las necesidades de la comunicación científica en los países en desarrollo, y particularmente de América Latina y el Caribe, el modelo proporciona una solución eficiente para asegurar la visibilidad y el acceso universal a su literatura científica, contribuyendo a la superación del fenómeno conocido como *ciencia perdida*. Además, el *Modelo SciELO* contiene procedimientos integrados para la medida del uso y del impacto de las revistas científicas.

El *Modelo SciELO* es el producto de la cooperación entre FAPESP (ver **Sitios web**), la Fundación de Apoyo a la Investigación del Estado de São Paulo, BIREME (ver **Sitios web**), Centro Latinoamericano y del Caribe de Información en Ciencias de la Salud, así como instituciones nacionales e internacionales relacionadas con la comunicación científica y editores científicos.

www.scielo.org

LATINDEX SISTEMA REGIONAL DE INFORMACIÓN EN LÍNEA PARA REVISTAS CIENTÍFICAS DE AMÉRICA LATINA, EL CARIBE ESPAÑA Y PORTUGAL

LATINDEX es producto de la cooperación de una red de instituciones que funcionan de manera coordinada para reunir y diseminar información bibliográfica sobre las publicaciones científicas seriadas producidas en la región.

LATINDEX pone a disposición de sus usuarios tres productos básicos de información.

El directorio proporciona desde 1997 los datos normalizados de una amplia variedad de revistas académicas o de interés académico, con información que permite conocer su trayectoria, especialización temática, organismo editor, responsables editoriales, dirección completa, procedimientos de distribución, precios y bases de datos que cubren la revista, entre otros. A la fecha contiene más de 12 mil registros.

El catálogo, que fue puesto en línea en marzo de 2002, contiene información descriptiva y de contenido adicional a la que ofrece el Directorio. Los títulos incluidos en el Catálogo han sido seleccionados y clasificados según criterios internacionales de calidad editorial previamente probados y convenidos por el Sistema LATINDEX.

El índice de recursos electrónicos, actualmente en construcción, en su primera etapa brinda acceso directo a una colección creciente de revistas con texto completo en línea. A la fecha contiene más de setecientos cincuenta enlaces a revistas.

Estos servicios pueden consultarse en

www.latindex.unam.mx

La edición electrónica en el ámbito académico de las Ciencias Sociales en América Latina y el Caribe

El trabajo en equipo entre la biblioteca y el sector de edición de publicaciones, en instituciones como las que hemos mencionado hasta aquí, es lo que permite poner a disposición del público en las bibliotecas virtuales la versión electrónica de las publicaciones de interés. Cada vez son más familiares los conceptos de *libro digital*, *revista electrónica* y otras denominaciones para estas nuevas formas de presentar los contenidos de la producción académica en las bibliotecas virtuales y bibliotecas digitales.

A pesar de que hoy la mayoría de los libros y artículos disponibles en Internet en texto completo copian el formato que tienen en su edición impresa, poco a poco la edición de un producto académico pensado para el formato electrónico tomará otras formas a fin de aprovechar al máximo las ventajas de este entorno y agregar valor respecto a la edición impresa. Enunciamos a continuación algunos ejemplos de dichas ventajas.

El hipertexto (saltar de un texto a otro activando enlaces) nos permite que todas las citas bibliográficas –al pie de página, dentro del texto o en la bibliografía al final del mismo– y otros conceptos que el autor quiere destacar, puedan transformarse en enlaces activos que lleven al lector desde el mismo texto que está leyendo a otros textos también archivados en la web. Esto permite que el lector construya su propia secuencia de lectura y trabajo a partir del texto y enlaces propuestos por el autor. Eventualmente, el lector puede contactarse con los autores o instituciones mencionadas en el texto con un enlace al correo electrónico de los mismos.

Hoy en día, nuestras bibliotecas y los usuarios suscriptos a revistas académicas saben de antemano que gran parte de los artículos no serán leídos. La edición electrónica permite que cada biblioteca y cada usuario definan su perfil de interés y reciban el conjunto de artículos que responden al mismo.

Actualmente, la mayor parte de la información académica que circula en Internet es texto. Es factible que, tratándose de un entorno *hypermedia*, en poco tiempo veamos crecer significativamente los contenidos de voz e imágenes acompañando y enriqueciendo los archivos de texto, o sustituyéndolos completamente en algunos casos (por ejemplo, las entrevistas).

Para aquellas de nuestras instituciones que producen datos con frecuencia –como estadísticas, indicadores semanales, noticias diarias, etc.– la edición electrónica vía web permite actualizar los datos inmediatamente, y el usuario no debe esperar a recibir el boletín impreso mensual.

Y cuando el usuario accede a la web para bajar un documento, es él quien asume el costo de imprimirlo, aliviando nuestro presupuesto de imprenta, pero obligándonos a invertir en promoción para asegurarnos que los usuarios se interesen por visitar nuestro sitio y bajar el documento.

Otro ejemplo de cambios en la edición académica se relaciona con el proceso editorial en sí. La secuencia incluye las siguientes etapas: los autores envían sus trabajos en forma normalizada vía correo electrónico; los miembros del comité editorial teletrabajan en equipo cada uno desde su lugar de trabajo; la edición de la primera copia se envía en formato digital para revisión por el editor y/o autor; la distribución en forma automatizada de la versión digital se realiza a la lista de suscriptores a la versión digital; también se realiza la distribución en forma automatizada a la lista de beneficiarios de donaciones; existe la posibilidad de promover nuevas formas de producción de contenidos, como es la producción de libros y artículos colaborativos entre varios autores que teletrabajan y editan en conjunto un documento; y si se trata de un documento que requiere actualización periódica, el proceso se ve facilitado por las nuevas tecnologías de comunicación y procesamiento de la información.

En su tesis de Maestría en Política y Gestión de la Ciencia y la Tecnología de la Universidad de Buenos Aires, el Lic. Carlos Ezeiza Pohl (Ezeiza Pohl, 2003) presenta los antecedentes internacionales en publicaciones científicas electrónicas y el estado del arte de iniciativas regionales en América Latina. Comenta que *New Horizons in Adult Education* fue en 1987 la primera publicación revisada por pares que tuvo distribución en Internet, aunque fue *Online Journal of Current Clinical Trials* la primera publicación exclusivamente electrónica a partir de 1992. Los proyectos de distribuir por Internet la edición electrónica de revistas científicas se ubican tanto en el mundo editorial comercial (como *Web of Science* de ISI Thomson y *Science Direct* de Elsevier) como en iniciativas que surgieron del ámbito académico (*Journal STORage Project* y *Highwire Press*).

Existe un importante movimiento internacional (*open access*) para que los textos completos de la literatura científica internacional sean accesibles sin cargo en Internet pocos meses después de su distribución a suscriptores. Diversas opiniones y modalidades de trabajo se presentaron en la Conferencia Internacional de Publicaciones Científicas Electrónicas en Países en Desarrollo, en septiembre de 2002, en Chile (ver **Sitios web**).

Mientras tanto, en la región, Brasil es el país que más ha avanzado en edición electrónica de publicaciones científicas con diversos proyectos en curso (Vara y De Mendoza, 2001/2002). En Brasil también surgió, desde BIREME, la iniciativa de SciELO comentada en este capítulo.

Las instituciones que desean iniciar el camino de la edición electrónica de sus publicaciones deben analizar previamente aspectos que hacen al por qué de editar electrónicamente, procesos y costos involucrados, y otras consideraciones indispensables al momento de tomar decisiones (Morris, 2003).

Alcances del concepto de Biblioteca Virtual

Una experiencia personal

A modo de invitación a reflexionar sobre el impacto de Internet en los usuarios que necesitan información, hicimos el ejercicio de posicionarnos como usuarios y buscar en la biblioteca virtual más grande del mundo, la web, información para completar y actualizar nuestra propia bibliografía sobre bibliotecas virtuales para este libro con materiales no disponibles en la biblioteca de CLACSO.

En el buscador Google, <www.google.com>, mediante el mecanismo de búsqueda avanzada, obtuvimos los siguientes resultados para las diferentes denominaciones.

- *Virtual library*:
  aparecen 806 mil páginas web que mencionan el tema, 13.500 grupos web con mensajes que mencionan el tema y 2.610 registros en el Directorio de Google.
- *Digital library*:
  1.090.000 páginas web, 12.100 grupos web y 1.720 registros en el Directorio de Google.
- Biblioteca virtual:
  117 mil páginas web, 951 grupos web y 367 registros en el Directorio de Google.
- *Bibliothèque virtuelle*:
  33.500 páginas web, 338 grupos web y 102 registros en el Directorio de Google.

Nótese que estos resultados no incluyen explorar las tantas otras formas (plural, sinónimo, otras formas de hablar del mismo tema, etc.), formatos (bases de datos cuyo contenido supera ampliamente el contenido de la web) e idiomas para buscar el tema que estamos tratando aquí. Entre esta montaña de información y nada de información, optamos por nada de información, y nos pusimos a pensar en qué consiste el concepto de biblioteca virtual en términos de su utilidad para nosotros como usuarios de información, y para nuestros usuarios. Ya que el concepto de biblioteca virtual está en su etapa de desarrollo, es posible aprovechar esta oportunidad y participar creativamente en dar al concepto los contenidos de mayor utilidad para nuestros usuarios y que sumen valor para la comunidad en la cual actuamos.

¿Qué servicios esperan nuestros usuarios de una biblioteca virtual, o de lo que se les ocurre a ellos que puede ser una biblioteca virtual? Visto desde el usuario, una biblioteca virtual constituye una experiencia "como si" se tratara de una biblioteca, pero se accede a sus servicios a distancia, en general a través de la computadora e Internet. Al usuario se le brinda la posibilidad de ingresar a la biblioteca virtual "como si" ingresara a una biblioteca habitual ofreciéndole acceso a un conjunto de recursos propios y de otras bibliotecas. El usuario recorre las secciones de la biblioteca virtual un poco como recorre la biblioteca de su barrio o institución, buscando los servicios que necesita: consulta el catálogo, accede a libros y revistas, busca información en la sección de referencia, dialoga con el personal de la biblioteca cuando no encuentra lo que busca. Para Gapen, las bibliotecas virtuales/digitales son "un efecto" que producimos del lado del usuario, y logramos esto mediante la tecnología que nos permite ofrecerle al usuario acceso no sólo a nuestras colecciones y servicios, sino también a un conjunto de recursos de información de terceros.

¿Qué esperamos de una biblioteca virtual? Cuando ingresamos a una biblioteca virtual debemos ver claramente sintetizados cuáles son los servicios que ofrece, y a qué público se dirigen. A la vista debe poder encontrarse un buscador para solicitar el tema y ver un listado de documentos, en lo posible en texto completo, listos para leer, archivar, imprimir. Además, debiera ser posible consultar directorios de enlaces de interés: otras bibliotecas virtuales, cursos y eventos sobre el tema buscado, directorio de investigadores sobre el tema y proyectos en curso, grupos de discusión, y una amplísima selección de enlaces a sitios de interés para diversos aspectos relacionados con el tema en cuestión. Y también esperamos que la biblioteca virtual nos brinde la posibilidad de contactarnos directamente con ellos vía correo electrónico o *chat*.

Desde la perspectiva del usuario, es posible comparar la experiencia de buscar un tema en un buscador (Yahoo, Google, etc.) o en una biblioteca virtual especializada. En Google encontramos efectivamente miles de páginas de cualquier tema, y uno mismo agrega valor a ese listado dedicando horas, y a veces semanas, del propio tiempo a investigar sólo un mínimo porcentaje de páginas para actualizar la bibliografía sobre un tema. En el caso de la visita a una biblioteca virtual especializada, son los bibliotecarios quienes agregan valor, realizando una considerable inversión de recursos para filtrar y evaluar información de modo que los usuarios obtengan una selección de información relevante a los temas que los ocupan.

Este enfoque nos acerca a la definición de biblioteca virtual que publica la *American Society for Information Science* (ASIS) en su *Thesaurus of Information Science*, 1998: sistemas en los cuales los recursos de información se distribuyen vía redes, más que teniéndolos físicamente en un lugar. En EE.UU. y otros países se utiliza preferentemente el concepto de bibliotecas digitales, que ASIS define como "bibliotecas cuyos contenidos están principalmente en formato electrónico y que son accesibles mediante computadoras. Los contenidos pueden tenerse localmente o ser remotamente accesibles mediante redes de comunicación".

Desde el lugar de los profesionales que se ocupan de las bibliotecas virtuales, existe una generosa producción y debate sobre el alcance de los conceptos biblioteca digital, electrónica, virtual, etcétera. Para una misma descripción de servicios hay una cierta preferencia por llamar a esa biblioteca "digital" (por ejemplo en EE.UU., Canadá y México), "electrónica" (por ejemplo en el Reino Unido), o "virtual" (por ejemplo en España, Argentina y Brasil).

Saunders sostiene que es en la década de los noventa cuando comenzó a utilizarse el concepto de biblioteca virtual para designar a las bibliotecas que ofrecen acceso a información digital utilizando diversas redes, incluyendo Internet y la web, considerándolo sinónimo de biblioteca digital y biblioteca electrónica. Según la definición de Gapen en 1993, el acceso remoto a los contenidos y a los diversos servicios de las bibliotecas y otros recursos de información es un aspecto muy importante del concepto de la biblioteca virtual, combinando una colección propia de materiales impresos y en formato electrónico con una red electrónica que provee acceso a fuentes externas públicas y comerciales.

A veces se incorpora un concepto al lenguaje habitual a partir de su uso en un programa nacional. Así sucedió en EE.UU., donde existen desde hace varias décadas colecciones digitalizadas pero se incorporó definitivamente el concepto "biblioteca digital" a partir de la Iniciativa de Bibliotecas Digitales, un programa de la *National Science Foundation*, ARPA y NASA, quienes en 1994 financiaron la digitalización de grandes colecciones en seis bibliotecas universitarias.

En el caso de CLACSO, denominamos a nuestra biblioteca "biblioteca virtual" pues ponemos la información y los servicios a disposición del público en forma gratuita en ese espacio de nuestro sitio web, y además no tenemos biblioteca presencial para el público en general. En nuestra biblioteca virtual los usuarios ingresan y realizan un recorrido "como si" estuviesen en una biblioteca tradicional: consultan las bases de datos, leen los artículos y libros, y a veces se pierden, igual que en cualquier biblioteca. Ocasionalmente nuestra biblioteca virtual está inaccesible por problemas en el servidor o el proveedor de acceso, así como a veces las bibliotecas tradicionales no están accesibles debido a problemas internos.

Esperamos que la experiencia de consultar vía Internet nuestra biblioteca sea para nuestros usuarios más atractiva en el futuro, ya que los programas de realidad virtual permitirán dialogar cara a cara con el bibliotecario y/o con los autores, participar en grupos de debate viendo a los demás participantes, tener la posibilidad de "marcar" los textos que uno lee en la biblioteca virtual y armar una biblioteca personalizada con los materiales que se van procesando, y tantos otros servicios que se están experimentando para recrear también en las bibliotecas virtuales un espacio social de encuentro y estudio.

Dado que la biblioteca virtual no es un fin en sí mismo sino un medio para lograr los objetivos y la misión de nuestras instituciones en la comunidad, la forma y contenido de las bibliotecas virtuales irán adaptándose a las cambiantes necesidades y a los recursos disponibles en cada momento.

Los contenidos habituales de las bibliotecas virtuales son o bien propios (textos completos de publicaciones y/o bases de datos de la propia institución) o de terceros (colecciones digitales y bases de datos de terceros, gratis o pagas, y directorio de enlaces a páginas web de terceros).

En una encuesta que realizaron alumnos que participaron en el curso de bibliotecas virtuales de CLACSO entre ochenta bibliotecas de América Latina y el Caribe respecto de cuáles de estos servicios son más valiosos para los usuarios, resultaron elegidos en primer lugar el acceso *on line* a la base de datos con el catálogo de la biblioteca, y en segundo lugar los textos completos de la institución y de otras instituciones.

Aspectos institucionales

En la mayoría de los casos, las bibliotecas virtuales/bibliotecas digitales (BV/BD) son un servicio más de las bibliotecas tradicionales, que aprovechan la plataforma de las redes de comunicación para dar a los usuarios acceso remoto a servicios y productos. Algunos ejemplos son: bibliotecas tradicionales universitarias que brindan acceso vía redes e Internet, mediante *password*, a textos completos para alumnos de cursos que tienen un componente a distancia; bibliotecas tradicionales que permiten consultar su catálogo *on line* vía Internet; bibliotecas tradicionales que en el sitio web de su institución ofrecen algunos servicios a los usuarios (bibliografías, adquisiciones recientes, tablas de contenidos).

En algunos casos, y ésta será la tendencia predominante a medida que la edición y difusión electrónica se generalicen en el mundo, las bibliotecas nacen como bibliotecas virtuales. Algunos ejemplos son: portales temáticos que nacieron con la web y ofrecen los servicios habituales de las bibliotecas virtuales (consulta de bases de datos, lectura de textos completos, directorio de referencias, atención de consultas); bibliotecas virtuales temáticas que se desarrollan con colecciones digitales aportadas por diversas bibliotecas e instituciones que participan del proyecto.

Mas allá del origen institucional de las bibliotecas virtuales, pareciera que las más exitosas son aquellas que no compiten con las bibliotecas tradicionales sino que las complementan agregando valor con servicios que sólo son posibles a través de la red de comunicaciones.

Los usuarios de las bibliotecas digitales

Internet no tiene fronteras nacionales. Esto nos permite llegar con nuestra información a lugares impensados hasta hace poco, y también significa que podemos recibir consultas de lugares impensados.

Es necesario, al diseñar la presencia de la biblioteca en Internet, tener claro a qué público nos dirigimos y explicar a ese público en la página de bienvenida cuál es el alcance de nuestros servicios y productos. En forma ideal, el sitio web debe presentarse en los idiomas de la comunidad de usuarios que pretendemos atender.

Barreras

Para los usuarios que acceden a BV/BD existen ciertas barreras: el costo de la conexión prolongada a Internet; la necesidad de aprender muchas interfases que exigen las diferentes BV/BD y los diversos productos que ofrecemos *on line*; la necesidad de saber cómo evaluar la calidad de la información, pues los contenidos de páginas web no pasan por un proceso editorial como lo hacen los artículos de revistas y los libros; el tener que leer extensos documentos en la pantalla o pagar el costo de imprimirlos (papel, tinta, etcétera).

Usuarios internos

Las bibliotecas virtuales también tienen usuarios internos que son los profesionales que trabajan en la biblioteca y esperan ver facilitada su tarea para lo cual solicitan que la plataforma de la biblioteca virtual les permita, entre otros: generar estadísticas de visitantes, recibir comentarios y consultas de los visitantes, compatibilidad de los procesos técnicos de la biblioteca tradicional con la virtual, ambiente amigable para ingresar datos, soporte y capacitación para el personal, y otros servicios internos.

Costos

La sustentabilidad de una BV/BD se relaciona con ajustarse lo máximo posible a la misión de la institución, planificar bien los objetivos, presupuestar, y llevar adelante un buen control de gestión con evaluación de resultados.

Los costos generalmente asociados con el desarrollo de una BV/BD que brinda servicios a los usuarios vía Internet se relacionan con: el diseño y mantenimiento del sitio web de la BV/BD; el personal que selecciona textos y selecciona otros recursos para ofrecer a los usuarios, y los actualiza; la digitalización de material que está impreso; la indización, metadatos de materiales ingresados; el contactar a autores y editores para obtener derechos; el comprar o suscribir servicios de información (evaluando para ello si se tiene masa crítica de usuarios, los requerimientos de *hard* y *soft*, si los acuerdos exigen capacitación de usuarios y personal, la letra chica de los contratos, etc.); el alquiler o compra (y mantenimiento) de un servidor conectado a Internet por banda ancha.

Sumarse a esfuerzos cooperativos y/o comerciales permite pensar en recuperar parte del costo mediante la venta de servicios y productos.

Mantenimiento

Las personas que trabajan en la actualización de una BV actúan en un medio que cambia constantemente, minuto a minuto: la web. Esto exige informarse sistemáticamente de las novedades para modificar y actualizar la propia BV.

Los contenidos de una BV que tienen poca exigencia en términos de mantenimiento son la información institucional sobre la biblioteca, su ubicación y horarios si tiene atención presencial, y la descripción de servicios y productos. Los contenidos que tienen alta exigencia son las informaciones sobre eventos, adquisiciones, novedades, y todos los enlaces a otras páginas de Internet.

Las BV que incluyen enlaces a otras páginas de Internet se actualizan: en forma manual cuando el *webmaster* agrega los nuevos enlaces y verifica que los enlaces que ofrece la BV no estén caídos; en forma semi-automática cuando instala un programa que permite a los usuarios agregar enlaces que se incorporan una vez aprobados por él; en forma automatizada cuando se instala un programa que navega la web buscando nuevos enlaces en el tema seleccionado, y los incorpora al directorio en forma automática, y verifica que los enlaces existentes en la BV no estén caídos.

ASPECTOS LEGALES

Las restricciones de *copyright* en el ambiente digital tienden a seguir las mismas pautas que en el caso de la información publicada: los derechos caducan por lo general sólo cincuenta o setenta años después de la muerte del autor. Para poner en una BV/BD publicaciones más recientes, debemos negociar con quien tiene los derechos. El primer derecho de un autor es el de publicar sus textos. En tal sentido, es deseable que pronto se perfeccionen los mecanismos que permitan una rápida y amplia difusión de la producción de las ciencias sociales de la región.

ALGUNAS TENDENCIAS A TENER EN CUENTA

⦿ El tamaño de la web excede ya hoy la capacidad humana de buscar, revisar, organizar y administrar colecciones temáticas de enlaces (Google indiza ya más de 3 billones de páginas). Veremos muchos desarrollos por el lado del *software* para las máquinas buscadoras, que deberán ser más sofisticadas. Una pregunta válida es si la edición electrónica de las publicaciones con metadatos ya incorporados en forma estandarizada, sumada a una nueva generación de máquinas buscadoras, volverá innecesaria la intervención de bibliotecas virtuales para seleccionar, clasificar, etcétera.

⦿ No sabemos hoy qué aspecto tendrán las nuevas bibliotecas virtuales. A medida que hay banda más ancha, es esperable un crecimiento sostenido en la cantidad de archivos visuales y auditivos. Los contenidos de las BV se orientarán más a colecciones de edición electrónica de libros y revistas, en vez de a la digitalización de colecciones impresas. Y la educación universitaria tradicional tendrá una amplia participación, pues de los 8 millones de alumnos universitarios y 700 mil docentes que hay en la región (UNESCO) un porcentaje creciente apreciará los servicios de las BV. Las computadoras personales (PC) serán sólo una de las formas de acceso a las BV, siendo otras posibilidades la TV interactiva, el teléfono celular, etcétera.

⦿ Habrá nuevos públicos para nuestras bibliotecas virtuales a medida que Internet amplíe su comunidad de usuarios. Son ejemplos el crecimiento de la oferta de cursos y carreras vía Internet que requieren servicios de biblioteca virtual, y la creación de telecentros comunitarios.

⦿ Veremos nuevas especializaciones para el trabajo en las bibliotecas virtuales, con profesionales con formación en arquitectura de la información, por ejemplo.

⦿ Las BV/BD ocuparán gran parte de su tiempo en negociar transacciones, pues la compra de información para sus usuarios se basará más en la demanda (*just in time*) que en compras anticipadas (*just in case*). Veremos crecer la exigencia de que las bibliotecas cubran sus gastos con la venta de servicios. Una vez que se resuelva cómo pagar unidades de información fácilmente a través de Internet y cómo los portales y BV liquidan el pago del *copyright*, habrá una explosión en la oferta de textos completos para la venta, lo cual generará recursos para las BV.

⦿ BV como aplicación de los sistemas de organización del conocimiento (*knowledge organization networks*), complementando los esquemas tradicionales de clasificación con estructuras temáticas más sofisticadas, redes semánticas y ontológicas con el objeto de organizar el contenido para permitir una mejor recuperación sin intervención humana (robots inteligentes) y agregar nuevas formas de recuperar (recuperación multilingüe, búsqueda en texto libre, etcétera).

⦿ La concentración también se da en Internet. En los portales temáticos, la tendencia es a agruparse y formar portales regionales e internacionales (de educación, salud, minería, forestación, etcétera). Entre las ventajas de estos esfuerzos, cuando son cooperativos, se encuentran el evitar la duplicación de trabajos, compartir servidores grandes con banda ancha, compartir recursos para comprar información para el portal, y captar mayor audiencia.

⦿ En la medida en que algunos buscadores comerciales que se posicionan como bibliotecas virtuales vendan el lugar que un sitio ocupa en su directorio, veremos fortalecerse a las BV académicas como garantía de calidad. Como dice Soledad Ferreiro (Ferreiro, 2002), "la biblioteca ya no es el centro de información en sí, sino que es un validador, una marca de la consistencia de la información".

⦿ La tecnología permite el desarrollo de bibliotecas personalizadas de acuerdo con los temas de interés de nuestros usuarios. Se personaliza la pantalla de bienvenida, se personalizan las noticias que recibe el usuario para limitarlo a los temas de su interés, se personaliza la colección que ve el usuario para armarle una colección sólo en los temas de su interés.

- El desarrollo de aplicaciones en *software* libre para la gestión de bibliotecas digitales/virtuales permite a los bibliotecarios y editores involucrarse en el mejoramiento del *software* y su adaptación a las particulares necesidades de cada institución. Existe una necesidad de versiones en español y portugués para la región.

Éstas son sólo algunas de las tendencias que se observan con impacto en el desarrollo de las BV/BD en nuestra región.

Arquitectura de las bibliotecas virtuales

La arquitectura de las bibliotecas virtuales posee dos aspectos: la arquitectura del edificio de la biblioteca virtual (su sitio web) y la arquitectura de la información allí contenida. Cada uno de estos temas constituye hoy una especialización profesional.

Cuando una universidad necesita crear una nueva biblioteca tradicional, existe cierto consenso internacional, y mucho se ha publicado sobre ello, respecto de los requerimientos arquitectónicos de un edificio destinado a una biblioteca universitaria y la forma recomendada de construir cada una de las secciones de ésta, así como las características de construcción de cada uno de los muebles para cada servicio y para los procesos técnicos.

En cambio, si queremos construir una biblioteca virtual, encontraremos mucho debate, pues ni siquiera existe unanimidad de criterios respecto de qué es exactamente una biblioteca virtual. Ello no deja de ser una ventaja, en la medida en que nos da la posibilidad de participar en el proceso creativo de definir y construir la BV que mejor se adapte a las necesidades de nuestros usuarios y de nuestras instituciones

El edificio de la biblioteca virtual

El edificio de la biblioteca virtual es habitualmente un sitio web que creamos como puerta de entrada para permitir a los usuarios el acceso remoto a nuestras colecciones y servicios. Una vez que nuestro sitio web existe, forma parte de la identidad de nuestra institución, y como tal merece todo nuestro cuidado: tanto en la forma, que debe reflejar la imagen institucional adecuadamente, como en los contenidos, que deben responder a las necesidades de nuestros usuarios.

El valor de una biblioteca virtual aumenta en forma directamente proporcional a la cantidad de contenidos únicos y originales que aporta a la comunidad (como por ejemplo publicaciones propias).

DISEÑO DEL SITIO WEB DE UNA BIBLIOTECA VIRTUAL

El diseño del sitio web para alojar una biblioteca virtual debe estar en manos de un equipo interdisciplinario que integre a especialistas en servicios bibliotecarios, informáticos y en diseño de páginas web. El éxito de una biblioteca virtual tiene mucho que ver con el equilibrio que logre ese equipo entre una presentación atractiva y una eficiente funcionalidad de su sitio web.

El usuario que ingresa en nuestra biblioteca virtual debe disfrutar de la visita porque la experiencia es agradable y porque encuentra rápidamente lo que necesita. Suele decirse que el contenido que buscamos no debe estar a más de tres *clicks* de *mouse* de la página de ingreso a un sitio web.

Para el diseño de una biblioteca virtual es necesario tener en cuenta algunos factores que hacen al éxito del proyecto. Nuestra institución tiene una misión y objetivos: es fundamental no alejarnos de los mismos al definir el modelo y los contenidos de una biblioteca virtual/biblioteca digital. Es necesario definir claramente los destinatarios de nuestra biblioteca virtual/biblioteca digital y mantenernos firmes en desarrollar servicios y productos para esos destinatarios: no pretendamos ser la solución para todos, pues perderemos el rumbo. También es necesario decidir si nos conviene incorporar la producción de nuestra institución (libros, revistas, bases de datos, etc.) en una biblioteca virtual/biblioteca digital propia y/o incorporarnos en iniciativas cooperativas de bibliotecas virtuales/bibliotecas digitales nacionales, regionales o internacionales.

DESARROLLO DE COLECCIONES DIGITALES DE LAS PUBLICACIONES DE NUESTRA INSTITUCIÓN

Si nuestra institución tiene producción propia de conocimientos (libros, artículos, informes de investigación, producción de indicadores, informes de programas, etc.), nuestro mayor valor agregado para la sociedad es poner esos documentos en texto completo en nuestra biblioteca virtual o en una biblioteca virtual de terceros o cooperativa (gratuita o paga).

El desarrollo de colecciones digitales de publicaciones para ofrecerlas a los usuarios mediante el acceso remoto (por ejemplo vía Internet) es una actividad que viene desarrollándose hace dos décadas en el mundo, y cuyas actividades principales, que Abby Smith describe bien en "Strategies for Building Digitized Collections" (Smith, 2001), son:

- decidir qué incluir de nuestra producción en la colección digital y para quién está destinada la colección;
- mantenernos en línea con la misión y los objetivos de nuestra institución al elegir los contenidos de la colección digital;

- elegir los contenidos más valiosos para la comunidad de usuarios que privilegia la institución;

- ayudar a nuestra institución a analizar los nuevos públicos que Internet genera, y ver cuáles de ellos interesan a nuestra misión como institución (por ejemplo, docentes y estudiantes de cursos a distancia, funcionarios públicos y privados conectados a la red, estudiosos de otras regiones del mundo, etc.);

- desarrollar nuestro plan y presupuesto en forma realista;

- definir una estrategia sustentable para la colección que asegure que cuente con el financiamiento necesario para su desarrollo, actualización y mantenimiento. Uno de los ítems más caros es digitalizar publicaciones impresas que no tienen su versión digital;

- evitar duplicaciones de esfuerzos y no digitalizar publicaciones que ya están accesibles vía web, sino brindar un enlace a ese recurso externo;

- promover un uso respetuoso de los derechos de autor;

- incorporar en las publicaciones digitales los metadatos que faciliten la recuperación y clasificación de las publicaciones;

- incorporar interfases que permitan buscar por palabras claves y con operadores *booleanos*;

- incorporar mecanismos y tipos de archivos que permitan a los usuarios bajar los textos, archivarlos, imprimirlos, etc.;

- trabajar con los especialistas temáticos para que la indización temática refleje lo mejor posible el cambiante vocabulario de la temática de nuestra biblioteca;

- ocuparnos del mantenimiento y escalabilidad de nuestra plataforma (*hard* y *software*) para que nuestra BV funcione siempre bien a medida que crece la colección;

- asegurarnos de que el servidor donde está alojada nuestra BV soporte el volumen y la simultaneidad de consultas sobre los textos de la sala de lectura y sobre las bases de datos;

- evaluar si nos conviene sumarnos a plataformas regionales ya existentes, como por ejemplo la Biblioteca Virtual Regional de Ciencias Sociales de CLACSO, la Biblioteca Digital Iberoamericana de UNESCO, SciELO y otras iniciativas regionales;

- como profesionales, mantenernos actualizados en lo que respecta a los nuevos desarrollos para BV/BD.

EDICIÓN Y VENTA DE PUBLICACIONES VÍA WEB

Para aquellas instituciones que incluyen en su BV los textos editados por su institución, es conveniente desarrollar servicios de edición y venta de publicaciones.

Los servicios de venta de publicaciones vía web constituyen una actividad compleja de implementar, pues recién están en etapa experimental a nivel internacional. Si se quiere desarrollar el proceso de venta/facturación/cobranza/distribución totalmente en forma automatizada, es necesario investigar las opciones de *software* de comercio electrónico disponibles en el mercado en español para editores y bibliotecas, instalar el programa y organizar los aspectos administrativos que hacen a la facturación y cobranza con tarjeta de crédito. Esto también puede hacerse en forma semi-automatizada, por ejemplo recibiendo el pedido de una publicación vía web con los datos de la tarjeta de crédito, y luego procesando la compra y el despacho de la publicación en forma manual por correo o mail. Existen diversas alternativas, pero a nivel internacional no existe aún la normalización de un mecanismo sencillo y económico para la venta vía web de pequeñas unidades de información (un artículo de revista, un libro, etc.) con los aspectos de *copyright* incorporados de forma tal que el usuario no deba entregar su número de tarjeta cada vez, o que tenga opciones de pago cuando no tiene tarjeta de crédito, y que los autores reciban el pago de sus derechos de autor en forma simplificada.

DIRECTORIO DE ENLACES/ PORTAL TEMÁTICO

Cuando una institución decide incorporar en su biblioteca virtual enlaces a recursos de información de terceros disponibles en Internet, puede hacerlo de diversas formas: un simple listado de enlaces a sitios recomendados, un completo directorio de enlaces organizados temáticamente y con un buscador propio, o un directorio de enlaces al estilo de un portal temático.

En "Building Sustainable Collections of Free Third-Party Web Resources", Pitschmann (2001) alerta a los entusiastas sobre los costos implicados en las actividades necesarias para el desarrollo y mantenimiento de este tipo de servicios que dan enlace a recursos de información externos dispersos geográficamente. Dichas actividades incluyen:

- establecer el alcance que tendrá la colección de enlaces que incorporaremos a nuestra biblioteca virtual;
- definir público, alcance temático, alcance institucional, ámbito geográfico, idioma de los sitios a los cuales brindaremos enlace desde nuestra biblioteca virtual;
- definir políticas internas para la selección de enlaces; el conjunto de enlaces debe complementar la colección de recursos propios que ponemos en nuestra biblioteca virtual;
- investigar y seleccionar enlaces valiosos para nuestros usuarios y asegurarnos de que esa selección de enlaces no exista para evitar duplicar esfuerzos, y concentrarnos en cambio en agregar valor. Hay actividades que ayudan a

ubicar sitios web de interés para nuestros usuarios: participar en listas temáticas de discusión, suscribirnos a servicios temáticos de noticias por e-mail, visitar portales temáticos internacionales y regionales, y visitar los sitios web de las instituciones líderes a nivel internacional en el tema de nuestra colección;

- elegir enlaces, evaluar quién creó ese sitio y si esa institución y/o persona tiene reconocimiento en su ámbito; cuánto de único y original tienen sus contenidos; calidad y profundidad de los contenidos; que las interfases de consulta de sus contenidos (bases de datos, textos completos, bajada de textos, etc.) sean amigables; que se pueda buscar por palabras claves y con operadores *booleanos*; idiomas compatibles con los idiomas que manejan nuestros usuarios; que el sitio sea actualizado regularmente; desestimar enlaces a sitios poco relevantes para nuestros usuarios (para mucha información irrelevante los usuarios no necesitan las bibliotecas virtuales, ya tienen los buscadores de Internet);

- definir la forma de organizar los enlaces, desde un simple listado, un directorio con categorías y subcategorías de enlaces, hasta una base de datos con directorio y máquina buscadora incorporada;

- agregar a los enlaces una breve descripción/catalogación/metadatos para describir el contenido y ahorrar tiempo al usuario que busca información, que incluya título de la página, URL, autor o editor y descripción (según la "Dublin Core Metadata Initiative" preparada por OCLC en 1995 <http://dublincore.org/> pueden agregarse otros ítems, tales como temas, fecha de creación del sitio, fecha de modificación, tipo de recurso –base de dato, página web, portal, formato, fuente de información, idiomas, ámbito geográfico y temporal, derechos de autor);

- establecer un estricto procedimiento para verificar sistemáticamente que los enlaces sean válidos (a veces los sitios web se mudan de servidor, o dejan de existir) y para verificar que los contenidos de los sitios a los cuales dirigimos a nuestros visitantes sigan teniendo validez (hay sitios que dejan de actualizarse o cambian de orientación en sus contenidos); existen programas que realizan la tarea de verificar que los enlaces estén activos;

- si los contenidos de nuestra biblioteca virtual son extensos, incorporar un mecanismo de búsqueda para que el usuario pueda recuperar información fácilmente; en general se trata de programas sencillos o muy sofisticados, según cuánto estemos dispuestos a gastar, que permiten al usuario recuperar un listado de referencias ordenadas por importancia (la frecuencia de repetición del concepto buscado por el usuario define su lugar en el *ranking*) con algunos datos del documento como el volumen del archivo, nombre, fecha, origen, etcétera.

- ocuparnos del mantenimiento y escalabilidad de nuestra plataforma para que nuestra biblioteca virtual funcione siempre bien a medida que crece la colección de enlaces que incorporamos; asegurarnos de que el servidor donde está alojada nuestra biblioteca virtual soporte el volumen y simultaneidad del creciente número de consultas;

- atender consultas de los usuarios que no encuentran lo que buscan, que tienen sugerencias o simplemente quieren dialogar con nosotros, lo cual también insume recursos.

Un sitio web perteneciente a una BV individual en la web es como un grano de arena en la playa: es difícil de encontrar. En la web hay más de 3 billones de páginas, y es cada vez más difícil hacernos ver. Por este motivo, en el ámbito de las BV, los portales temáticos o multidisciplinarios regionales constituyen una modalidad eficiente y económica de aumentar la visibilidad de nuestra propia producción institucional sumándonos a un esfuerzo cooperativo.

Para sumarse a iniciativas regionales es importante investigar qué portales regionales e internacionales existen en el área temática de la propia colección; seleccionar aquellos portales más relevantes y analizar modalidades de participación en el proyecto, que pueden ir desde una sencilla reciprocidad de enlaces hasta participar activamente en una red cooperativa de bibliotecas y editores para construir una biblioteca regional (modelos UNESCO, CLACSO, ScIELO, por ejemplo); establecer un acuerdo institucional y organizar dentro de la propia institución las actividades y el seguimiento necesarios para asegurar una activa participación en los portales seleccionados; beneficiarnos de compartir el trabajo, las ideas y el contacto con profesionales que manejan otras bibliotecas virtuales en el propio tema en el ámbito de la región.

La Biblioteca Virtual de Ciencias Sociales de América Latina y el Caribe de la red de Centros Miembros de CLACSO

Que cada estudioso de temas de América Latina y el Caribe pueda acceder, desde su lugar de trabajo o desde su hogar, a la producción de las ciencias sociales de la región y al contacto con los investigadores. Y que los investigadores que trabajan en instituciones de ciencias sociales de América Latina y el Caribe puedan difundir su producción y hacerla accesible a la comunidad nacional e internacional en forma rápida y eficiente. Estos son los principales objetivos de la Biblioteca Virtual de Ciencias Sociales de América Latina y el Caribe de la red de Centros Miembros de CLACSO.

Un poco de historia

En sus treinta y cinco años de historia, el Consejo Latinoamericano de Ciencias Sociales (CLACSO) ha recorrido diversas etapas, cumpliendo con el objetivo de "promover el intercambio de información en las ciencias sociales" (Estatutos, 1967).

En sus primeras décadas, CLACSO realizaba periódicamente relevamientos de información entre sus Centros Miembros y publicaba un Directorio de Centros Latinoamericanos de Investigación en Ciencias Sociales. A partir de la década del ochenta, con apoyo del IDRC de Canadá y de UNESCO, CLACSO incorpora el *software* ISIS promovido por UNESCO y desarrolla una base de datos bibliográfica con las publicaciones de los Centros Miembros y una base de datos con la descripción de las investigaciones en curso en ellos. A partir de 1990, con apoyo de la OCDE, IDRC y CEPAL/CLADES, CLACSO integra sus bases de datos a las redes internacionales

International Development Information Network (IDIN), en la cual participaron las asociaciones de ciencias sociales de África (CODESRIA), países árabes (AICARDES), Europa (EADI) y América Latina (CLACSO), y Red de Redes de Información de América Latina, con la participación de redes de información de salud (BIREME), educación (REDUC), población (DOCPAL), administración pública (CLAD), agua y salubridad (REPIDISCA), ciencias sociales (CLACSO) y otras redes temáticas de la región.

Con el advenimiento de la web, en 1998 CLACSO crea su sitio en Internet, desde el cual brinda acceso a las bases de datos y ofrece a sus Centros Miembros la posibilidad de actualizarlas en línea vía la web. Simultáneamente, el Área de Difusión de CLACSO desarrolla el concepto de Biblioteca Virtual para CLACSO, inaugurando en su sitio web una Sala de Lectura con textos completos de los libros, artículos y documentos publicados por CLACSO y un conjunto de Centros Miembros que adhirieron al proyecto de la Biblioteca Virtual de Ciencias Sociales de América Latina y el Caribe de la red de Centros Miembros de CLACSO.

La Sala de Lectura

La Sala de Lectura de la Biblioteca Virtual de Ciencias Sociales de América Latina y el Caribe de la red de Centros Miembros de CLACSO es uno de los espacios disponibles en el sitio web de CLACSO que recibe hoy más de mil visitantes por día. Con el objeto de promover y fortalecer las ciencias sociales de la región, el Área de Difusión de CLACSO, en colaboración con la Red Académica Electrónica de CLACSO (RAEC), ha desarrollado diversos espacios virtuales: Campus Virtual (para teletrabajo y cursos a distancia), sitios web para los programas de CLACSO, espacios interactivos para la gestión de programas vía web, entre otros.

Toda la producción impresa, así como la información generada por los distintos programas y actividades de CLACSO, se coloca en la biblioteca virtual, que incluye bases de datos en línea y más de 4 mil títulos de texto completo disponibles para los investigadores, así como toda la información institucional generada por los centros afiliados y la Secretaría Ejecutiva de CLACSO.

En la Sala de Lectura se incluyen textos completos de diverso tipo:

- publicaciones de los Centros Miembros de CLACSO: en Documentos se incluye el listado de los ciento cincuenta y nueve Centros Miembros de CLACSO; la Sala de Lectura incluye textos completos enviados por dichos centros para su difusión.

- libros colaborativos publicados por los investigadores que integran los Grupos de Trabajo de CLACSO: el Programa de Grupos de Trabajo fue concebido con el objetivo de fortalecer la investigación transdisciplinaria, comparativa y cooperativa en las ciencias sociales de los países de América Latina y el Caribe. Cada uno de los Grupos de Trabajo, integrados por investigadores/as pertenecientes a los Centros Miembros de CLACSO, focaliza su trabajo en torno a alguna de las problemáticas sociales, económicas y políticas relevantes en el contexto de las realidades latinoamericanas.

- libros del Programa de Becas de CLACSO: el Programa de Becas de CLACSO busca estimular una mirada crítica y creativa, desde una perspectiva latinoamericana y caribeña, sobre los problemas, temas y desafíos sociales que en mayor o menor grado caracterizan a nuestras sociedades. En el caso de los/as investigadores/as senior, el Programa busca promover investigaciones capaces de contribuir a la profundización y el enriquecimiento de los debates actuales sobre las temáticas seleccionadas para los diversos concursos. En el caso de los/as jóvenes científicos/as sociales, el Programa busca robustecer su experiencia práctica en materia de investigación y capacitarlos/las en el uso de las más recientes tecnologías informáticas, las cuales facilitan la realización de trabajos de investigación comparativa en las ciencias sociales y amplían las posibilidades abiertas por el intercambio académico internacional.

- colección Campus Virtual de CLACSO: libros producidos como resultado de los cursos que se dictan en el Campus, elegidos en función de las prioridades académicas establecidas por el Comité Directivo de la institución; más de 2 mil personas han participado en actividades de capacitación y teletrabajo desde la inauguración del Campus en 1998.

- publicaciones de la Secretaría Ejecutiva de CLACSO: revista del Observatorio Social de América Latina.

- publicaciones de otras instituciones de ciencias sociales: textos completos de publicaciones de centros de investigación en ciencias sociales no miembros de CLACSO, de organismos internacionales, ponencias presentadas en congresos, etcétera.

Especulando sobre la evolución de la edición electrónica de publicaciones académicas, Hal R. Varian afirma que gran parte de la producción académica en el futuro tendrá formato electrónico (Varian, 1997). Entre los factores que empujan a la edición electrónica, menciona la reducción de costos que significa reproducir y distribuir una publicación vía Internet respecto de la versión impresa, la alta conectividad del mundo académico en la red y el alto precio de las suscripciones a revistas impresas. Varian estima que aproximadamente un 50% de ahorro podría lograrse en los costos fijos de edición de la primera copia de una revista académica si todo el proceso se hiciera vía comunicaciones electrónicas, ahorrando en secretariado, correo, y las fotocopias que implica habitualmente la circulación de los papers sometidos al proceso de evaluación entre los editores encargados de la selección de artículos para la revista. Otro ahorro está en exigir a los autores enviar sus trabajos en formatos preestablecidos ya normalizados de antemano.

En cuanto a los ahorros en nuestras bibliotecas tradicionales, Varian considera que la distribución electrónica de las publicaciones académicas nos ahorra espacio en los estantes de la biblioteca tradicional, permite búsquedas más sofisticadas que los catálogos tradicionales, y nos alienta a no comprar publicaciones que los usuarios no leen, pues podemos monitorear electrónicamente cuáles son los artículos leídos en nuestra BV/BD.

Las bases de datos de la Biblioteca Virtual de CLACSO

"La ventaja de tener bases de datos en Internet es que pueden ser consultadas desde cualquier parte del mundo, permitiendo al usuario acceder a la información desde su casa o su lugar de trabajo en forma cómoda y con sus tiempos, convirtiéndose en una biblioteca abierta las veinticuatro horas los trescientos sesenta y cinco días del año. Nos acerca al trabajo de los demás. Parte del trabajo del bibliotecario, además de catalogar y ordenar colecciones y publicaciones, es que queremos brindar un buen servicio. Sentimos placer ofreciendo la información que se encuentra bajo nuestra tutela a todo aquel que lo solicite; también nos preocupa mejorar la calidad de los servicios. Siempre pensando en las necesidades de los usuarios, tratando de hacer magia con los recursos que poseemos, y en la medida de nuestras posibilidades", afirma Florencia Vergara Rossi, responsable de las bases de datos de CLACSO.

Desde hace algún tiempo algunas bibliotecas han podido empezar a adoptar las nuevas tecnologías. En un primer momento, creando bases de datos para realizar búsquedas rápidas y eficientes en computadoras que se encuentran en las bibliotecas, y también realizando copias de las colecciones en *diskettes* que se vendían u obsequiaban para que los usuarios pudieran consultarlas en sus propias computadoras. Finalmente surgió la posibilidad de transportar estas bases de datos a Internet, haciéndolas accesibles a un público mucho más amplio y masivo, y pudiendo así ofrecer actualización permanente.

A partir de estos cambios, el usuario accede a una nueva modalidad en la forma de realizar sus consultas y búsquedas. Ahora se encuentra solo frente a una biblioteca en donde no tiene con quién comentar sus dudas o pedir ayuda. La mayoría de los usuarios no están familiarizados con los sistemas bibliotecológicos; generalmente no tienen capacitación con respecto a la búsqueda de información. También nos interesa que quien nos visita la primera vez continúe haciéndolo, y que recomiende nuestra biblioteca como una gran fuente de información, y por eso es muy importante que las bases de datos de la biblioteca virtual se realicen tratando de que sean sencillas, que resulte fácil realizar búsquedas, que se pueda comprender la información que se está consultando, pero al mismo tiempo buscando que sean lo más completas posible.

Mediante las bases de datos de su Biblioteca Virtual, CLACSO brinda información sobre la producción escrita, las investigaciones en curso y sus protagonistas en las ciencias sociales en América Latina y el Caribe. Las mismas, disponibles en la web con acceso gratuito e irrestricto, son:

- Base de Datos de Publicaciones de los Centros Miembros: es una base de datos bibliográfica donde se ingresa la información de la producción de libros, publicaciones periódicas, documentos de trabajo y boletines de los Centros Miembros de CLACSO.

- Base de Datos de Proyectos de Investigación: esta base de datos de referencia nos informa sobre qué temas se están desarrollando investigaciones en los Centros Miembros y quiénes están a cargo de las mismas;

- Base de Datos de Especialistas en Ciencias Sociales: el objetivo es dar a conocer qué profesionales trabajan y realizan investigaciones en las diversas temáticas sobre ciencias sociales. Complementa la información de las otras bases de datos aportando una pequeña reseña de las actividades y CV de los protagonistas.

Las bases de datos de CLACSO fueron puestas en línea en 1998. Por entonces, el sistema de ingreso de la información se realizaba con el programa Isis en el ordenador de la biblioteca. Al finalizar el día, se transfería la información al servidor y por medio de dos comandos diferentes se "corría" el archivo *.iso* para su actualización. Gracias a las nuevas tecnologías, hoy podemos ingresar la información empleando un formulario *on line* al que accedemos a través de la web. El mismo se completa igual que si trabajáramos en cualquier base de datos y se graba, quedando al momento ingresado en la biblioteca virtual. Este nuevo proceso facilitó en forma muy rápida el procesamiento de la información para su posterior consulta.

Actualmente más de mil personas por día consultan las páginas de CLACSO en Internet, y el éxito de sus bases de datos es el resultado de un esfuerzo cooperativo entre CLACSO y sus Centros Miembros para facilitar la difusión y acceso a la producción de las ciencias sociales de la región.

Un esfuerzo cooperativo

Para el desarrollo de las interfaces para la Biblioteca Virtual de CLACSO se están experimentando el software Greenstone <http://www.greenstone.org> y el software desarrollado por la Universidad de Colima en México <http://bdigital.ucol.mx/indice.htm> Cualquier consulta sobre los programas que utiliza CLACSO para la biblioteca virtual, dirigirla a Florencia Vergara Rossi <vergara@clacso.edu.ar>. Para el desarrollo de las interfases se tuvieron en cuenta los requerimientos de CLACSO. Fundamentalmente, que cada Centro Miembro de CLACSO pueda ofrecer a través de su propio sitio en Internet acceso a la *Biblioteca Virtual de CLACSO* con las opciones de consultar un tema en su propia colección de textos completos, en la colección total de textos completos (incluyendo la suya), en la base de datos de publicaciones de Centros Miembros, en la base de datos de investigaciones en curso en Centros Miembros, y en la base de datos de investigadores.

Los Centros Miembros pueden consultar las diferentes bases de datos de la red y además ingresar sus propios registros a través de un formulario en línea. El buscador permite la consulta tanto en los metadatos como en el texto completo del documento. Así, cuando los usuarios consultan la biblioteca virtual tienen las opciones de buscar de manera específica en los siguientes campos: autor, tema, institución y lugar, y de manera general en cualquier parte del documento. Los resultados de la búsqueda reflejan el número de ocurrencias del término buscado. Teniendo presente que se trata de un sistema descentralizado de ingreso de registros, para la clasificación temática se utiliza preferentemente el *Macrothesaurus* de OECD, que está disponible en la web. El sistema permite buscar en forma simultánea en documentos que estén ubicados ya sea en el servidor de la Secretaría Ejecutiva de CLACSO, o en servidores de los Centros Miembros que instalen la plataforma en su propio servidor.

La plataforma de software de la BDIC funciona tanto en servidores Windows como en servidores Linux. CLACSO organizó cursos vía Campus Virtual para capacitar al personal de los Centros Miembros en el uso de esta plataforma y, con el mismo fin, publicó este libro.

Dado que CLACSO adhiere al movimiento internacional de *software* libre, el desarrollo de su Biblioteca Virtual se realizó con programas que adhieren al movimiento de *software* libre y adicionalmente al movimiento de acceso libre (*open access*).

Capacitación de recursos humanos para bibliotecas virtuales

Nuevas modalidades de capacitacion para bibliotecas

En la V Conferencia Mundial sobre Educación Profesional Continua para las Profesiones de Bibliotecas y Ciencias de la Información organizada por la Mesa Redonda sobre Educación Profesional Continua de IFLA (Escocia, agosto de 2002), se mencionó que "las escuelas de bibliotecología y ciencias de la información producen pocos graduados por año en proporción al total de profesionales que ya actúan en la profesión, por lo cual acciones efectivas de desarrollo profesional en sus diversas formas muy probablemente constituyan un agente de cambio brindando a los profesionales información actualizada, conocimientos y habilidades para prepararlos para nuevos desafíos. Los líderes profesionales de mañana vendrán de las filas de consumidores de educación continua del presente" (Clyde, 2003).

Las razones por las cuales algunas instituciones complementan las actividades de capacitación presencial con actividades de capacitación a distancia son diversas. En algunos casos es porque existe una red de bibliotecas distribuidas en lugares alejados y es muy costoso reunir a los participantes para brindarles capacitación presencial; en otros casos, porque un docente está disponible para dar un curso vía Internet dos horas por día pero no puede aceptar alejarse de su trabajo por el tiempo que dura un curso, y así podemos encontrar muchos motivos por los cuales dar cursos a distancia. Lo que queda claro es que Internet nos brinda una nueva herramienta y plataforma para complementar las actividades de capacitación presenciales con oferta a distancia.

En las décadas del ochenta y del noventa, cuando se desarrollaron las redes regionales temáticas de bibliotecas y las redes descentralizadas de información con participación de bibliotecas de diversos países de América Latina y el Caribe, fue necesario implementar actividades de capacitación que permitiesen preparar al personal de las bibliotecas para trabajar en un entorno de red. Esta capacitación fue organizada por lo general en alguna de las instituciones miembros de cada red, con invitación a miembros de otros países para asistir a cursos presenciales. En este tipo de capacitación hay altos costos para viajes y viáticos para participantes de otros países. Y los costos para los docentes incluyen viajes, viáticos y honorarios, además del costo del lucro cesante al alejarse de la actividad profesional particular.

Así fue como surgió la motivación de experimentar el dictado de cursos a distancia utilizando el correo regular para el envío de las clases y para recibir las tareas del alumno. Con el amplio uso de Internet en la región, poco a poco van surgiendo iniciativas para organizar cursos en esta plataforma de comunicación global. Aunque esta modalidad tiene sus limitaciones –por ejemplo la lenta integración de los participantes al grupo por la falta de imagen de los demás participantes, la falta de estandarización en metodologías de evaluación, y la falta de experiencia en estas metodologías pedagógicas por parte de las instituciones y profesores– es una oportunidad que ofrece enormes ventajas para regiones como América Latina con el español y portugués, y amplia tradición en redes de información.

Utilizar Internet como plataforma de capacitación permite a los participantes en el curso no abandonar su lugar de trabajo y su hogar durante largos períodos. Pueden ingresar al campus en cualquier momento del día o de la noche, todos los días del año. En momentos predeterminados se pueden organizar sesiones de chateo para que los alumnos y docentes interactúen aunque vivan a miles de kilómetros de distancia. Un ejemplo son las licenciaturas en bibliotecología y documentación de la Universidad Nacional de Mar del Plata (Argentina) y las aulas virtuales desarrolladas por la Universidad de Colima (México), en ambos casos con oferta para toda la región (Feria, 2002).

En el Portal de Bibliotecas de la UNESCO (ver **Sitios web**) se ofrece un listado de cursos a distancia y vía Internet brindados en el mundo para profesionales de las bibliotecas.

CAPACITACIÓN DE RECURSOS HUMANOS PARA BIBLIOTECAS VIRTUALES

El desarrollo de un proyecto de biblioteca virtual es una actividad que involucra a diversas áreas de una institución. Preferentemente se trata de proyectos que cuentan con el aporte de las áreas de biblioteca, informática, edición, *webmaster*, y la opinión de los usuarios de la biblioteca. Este trabajo en equipo ayuda a que el diseño y los contenidos de la biblioteca virtual tengan mayores posibilidades de dar satisfacción a las necesidades de los usuarios externos de la biblioteca (por ejemplo estudiantes, investigadores, funcionarios, etc.) y a los usuarios internos de la institución (catalogadores, editores, administradores, etcétera).

Cuando se trata de un proyecto de desarrollo de una biblioteca virtual cooperativa donde participa un conjunto de bibliotecas de diversos países, se vuelve más complejo el proceso de capacitar a los recursos humanos involucrados en el proyecto. Los costos de viaje y viáticos para organizar cursos presenciales con participantes de diversos países están por lo general fuera del alcance de un proyecto cooperativo, y es necesario pensar en capacitación a distancia. En el caso de proyectos de bibliotecas virtuales la utilización de Internet como plataforma de capacitación es totalmente compatible, pues ya se la usa como plataforma para el desarrollo de la misma biblioteca virtual, sus productos y servicios al público.

Actualmente, la mayoría de las redes temáticas cooperativas de información de la región (en salud, educación, agricultura y ciencias sociales) están desarrollando bibliotecas virtuales regionales y experimentando alguna forma de capacitación vía Internet para el personal de las bibliotecas que participan en el proyecto. En ese conjunto de iniciativas se ubica la creación del curso "Bibliotecas Virtuales y las Ciencias Sociales" que se dicta en el Campus Virtual de CLACSO.

El Campus Virtual de CLACSO

En 1992 la Secretaría Ejecutiva de CLACSO decidió enfrentar con resolución lo que aparecía como un desafío de primer orden para el desarrollo de las ciencias sociales en nuestra región. En efecto, las nuevas tecnologías de la información abrían insospechadas posibilidades de acceso a recursos de investigación, bibliografías, datos e informaciones de todo tipo. Su pleno aprovechamiento, sin embargo, requería introducir un cambio muy significativo de los estilos de trabajo que los profesionales de las distintas disciplinas habían cultivado desde sus mismos orígenes. Esta transformación en los hábitos seculares de los intelectuales y académicos no podía sino generar múltiples resistencias: desde el rechazo abierto y militante, hasta la aceptación incondicional y por momentos ingenuamente esperanzada, la reticencia y, en algunos casos, una olímpica indiferencia. Fue evidente para el Consejo que las NTICs habían llegado para quedarse, y que más allá de las muy distintas reacciones que suscitaran, se estaba en presencia de una nueva realidad cargada de enormes potencialidades para las labores de docencia e investigación de las ciencias sociales. Ante la magnitud de las oportunidades ofrecidas, y también de los peligros que en ellas anidaban, CLACSO no podía responder con la indiferencia.

Fiel a este diagnóstico y gracias al apoyo de diversas instituciones y fundaciones –tales como IDRC/CIID, OECD, UNESCO, Asdi/SAREC y la Fundación Andrew Mellon, por ejemplo– el Consejo fue pionero en la región en lanzar varios proyectos en el campo de la comunicación e información electrónicas, llevando a cabo un esfuerzo sistemático orientado al desarrollo de redes electrónicas especialmente destinadas a atender las necesidades de los científicos sociales en América Latina y el Caribe. Simultáneamente, y con el propósito de facilitar el pleno aprovechamiento de las potencialidades del teletrabajo, el Consejo se abocó a la tarea de promover el entrenamiento de los investigadores latinoamericanos y caribeños en las nuevas tecnologías y la creciente utilización de las redes electrónicas como instrumentos de efectiva vinculación y cooperación internacional. Entre estos proyectos cabe mencionar a *International Development Information Network* (IDIN) y la Red de Redes de América Latina y el Caribe, que tuvieron un papel trascendental en la conformación de la Red Académica electrónica y la actual plataforma del Campus Virtual de CLACSO.

Animado por esta expectativa, CLACSO encaró una tarea que se desplegaba en varios frentes: por una parte, tratar de esclarecer entre los científicos sociales vinculados a su red las abrumadoras confusiones que rodeaban la temática de las NTICs, separando cuidadosamente las ficciones y fantasías de los hechos; por la otra, colaborar en el entrenamiento en las nuevas tecnologías haciendo posible el *aggiornamento* del quehacer de la investigación, desarrollando un modelo de trabajo accesible a la comunidad científica y poniendo en marcha un intenso programa de transferencia de destrezas, tecnologías y metodologías de trabajo. Frente a los alentadores resultados y las potencialidades que presenta esta modalidad de trabajo en términos de cooperación académica y diseminación internacional, CLACSO decidió dar un nuevo impulso al trabajo electrónico a través de la creación de un Campus Virtual en el cual fueron alojadas las más diversas actividades académicas del Consejo.

El Campus Virtual es una plataforma de comunicación, información y difusión de los programas y proyectos académicos regionales e internacionales del Consejo, la cual permite optimizar los esfuerzos de los mismos mediante la utilización de un "espacio virtual" particular para cada una de las áreas y grupos involucrados, que de este modo pueden sostener a lo largo del tiempo y a un bajísimo costo un constante nivel de interacción congruente con los requisitos de una efectiva cooperación internacional. Si en el pasado ésta adolecía de la inevitable intermitencia que imponían las grandes distancias existentes en la región, el funcionamiento del Campus Virtual de CLACSO ha hecho posible el mantenimiento de una fecunda continuidad en la labor de los académicos de la región potenciando la interacción entre los investigadores de los centros afiliados al Consejo y facilitando enormemente la diseminación de los avances y resultados de sus actividades.

Es precisamente por esto que en los últimos años diferentes programas académicos del Consejo han hecho creciente uso de los instrumentos de trabajo ofrecidos por el Campus Virtual. Tanto los Grupos de Trabajo como los ganadores de los diversos concursos organizados por el Programa de Becas y los participantes de las actividades de Formación a Distancia han podido adquirir una dinámica más efectiva que en el pasado, cuando las grandes distancias y las dificultades de comunicación se erigían como obstáculos de primer orden que permanentemente menoscababan las actividades y programas académicos. Por otra parte, es preciso señalar la importancia que para CLACSO adquiere el hecho de que las nuevas tecnologías informáticas permiten contar con un instrumento de evaluación y control de gestión más adecuado, con lo cual se crean las condiciones para una asignación óptima de los siempre escasos recursos financieros y humanos y para una democratización del acceso público a los conocimientos generados por las ciencias sociales en la región.

Cada una de las actividades académicas desarrolladas en el Campus Virtual exigió la investigación, el desarrollo y la implementación de metodologías de educación a distancia (que incluyen aspectos tecnológicos, pedagógicos y curriculares), como así también la preparación de materiales multimediáticos tales como por ejemplo protocolos de normas y procedimientos, manuales técnicos de operaciones, *CD-ROMs* e instancias presenciales. Todos los espacios académicos virtuales del Consejo tienen distintas conferencias y carpetas de teletrabajo, como agendas de reunión, bibliografía temática, debates, clases teóricas, trabajos prácticos, estados del arte de algunos temas, *chats*, etcétera.

Actualmente más de 2 mil estudiosos de toda la región participan en cursos, espacios de debate, Grupos de Trabajo, Programa de Becas, etcétera.

El curso "Bibliotecas Virtuales y las Ciencias Sociales"

Objetivos del curso

Con el objeto de acompañar a los centros de investigación de ciencias sociales de América Latina y el Caribe en el mejor aprovechamiento de las plataformas virtuales para organizar su propia producción, difusión y acceso a libros, artículos y documentos, se ofrece este curso y taller de neta orientación práctica. Está destinado a quienes tienen responsabilidades en la edición de publicaciones, biblioteca, informática, etc. en centros de investigación de ciencias sociales.

Resultados esperados

Al concluir el curso y las prácticas, los participantes habrán adquirido conocimientos acerca del rol y las principales características de las bibliotecas virtuales, incluyendo visitas *on line* a una selección de aquellas más significativas en las ciencias sociales, y tendrán a través de la práctica la oportunidad de conocer los procesos productivos habituales en la producción de servicios/productos en una biblioteca virtual.

La edición 2002 del curso tuvo treinta y siete inscriptos de ocho países (Argentina, Bolivia, Brasil, Costa Rica, Ecuador, México, Perú, Uruguay). En el 2003 el curso tuvo cuarenta y nueve inscriptos de dieciocho países (Argentina, Bolivia, Colombia, Costa Rica, Cuba, Chile, Ecuador, El Salvador, Guatemala, Honduras, México, Nicaragua, Panamá, Paraguay, Perú, Puerto Rico, Suiza/ciudadana peruana en ONUSIDA y Uruguay).

Organización del curso

El curso se dicta anualmente en el Campus Virtual de CLACSO, con una duración de tres meses. Seis meses antes del inicio se invita a los centros de ciencias sociales de América Latina y el Caribe a presentar candidatos, y aquellos candidatos que tienen aval de Centros Miembros de CLACSO reciben una beca. Se aceptan hasta cincuenta participantes, y son requisitos trabajar en la biblioteca, edición, como *webmaster* o en investigación en el centro que presenta la candidatura.

El programa del curso incluye módulos teóricos (transformación del trabajo académico a partir de las plataformas virtuales, historia y características de las bibliotecas virtuales, arquitectura de las bibliotecas virtuales, productos y servicios de las bibliotecas virtuales, procesos productivos en las bibliotecas virtuales) y prácticos (entrevista a usuarios para conocer sus necesidades de servicios vía Internet, visitas *on line* a una selección de bibliotecas virtuales, ingreso de registros y textos completos en la Biblioteca Digital Iberoamericana de UNESCO y en la Biblioteca Virtual de CLACSO).

Docentes

Las clases son dictadas por docentes de CLACSO y de la Biblioteca Digital Iberoamericana y Caribeña de UNESCO/Universidad de Colima, México. Al seleccionar a los docentes se tuvieron en cuenta los siguientes factores: que tuvieran experiencia teórica y práctica en los temas del curso y en el dictado de cursos para participantes de diversos países y entornos institucionales de América Latina y el Caribe, con antecedentes en el dictado de cursos a distancia, interés en dedicarse al curso y aval de su institución, ya que no perciben honorarios por el dictado de las clases.

Los docentes tienen las siguientes responsabilidades durante el curso: elaborar su clase y seleccionar bibliografía; capacitarse en el uso del Campus Virtual; leer y responder todos los comentarios de los alumnos sobre su clase; incentivar la participación; corregir las prácticas; dirigir los debates (en línea o fuera de línea); evaluar a los alumnos; informar a la coordinación académica los resultados.

El coordinador académico del curso tiene como principales responsabilidades: investigar necesidades de capacitación y posibles contenidos; investigar instituciones con experiencia en el tema, autores para la bibliografía y posibles contrapartes para el curso; realizar acuerdos con los docentes seleccionados; coordinar con ellos los posibles contenidos del curso y la bibliografía; difundir el curso en la comunidad de Centros Miembros, cuidando la diversidad geográfica e institucional; coordinar con los docentes y luego colaborar con la Coordinación del Campus para que la bibliografía del curso, en textos completos, esté disponible para los alumnos antes del inicio del curso.

Durante el curso, las responsabilidades del coordinador académico incluyen: monitorear diariamente el ingreso de alumnos al Campus y su participación en cada espacio; incentivar la participación; atender dudas y preguntas de los alumnos y docentes; organizar las sesiones de *chat*; supervisar el cumplimiento de las exigencias académicas; actualizar semanalmente las planillas de evaluación.

Al finalizar el curso, el coordinador académico debe presentar un informe a la Coordinación del Campus para la emisión de los certificados de aprobación del curso, y dar seguimiento a aquellos alumnos que tienen tareas pendientes hasta dar por aprobado o reprobado el curso.

DEDICACIÓN DE LOS ALUMNOS

El curso exige a los alumnos una dedicación de una a dos horas por día, y cada clase tiene una duración de una semana, con una distribución de actividades que consiste en bajar la clase semanal del Campus, leerla junto con la bibliografía, poner en el Campus los comentarios a la clase y la bibliografía, realizar las prácticas solicitadas, y participar en el *chat* con el docente y los colegas.

EVALUACIÓN

La coordinación del Campus Virtual y el equipo docente realizan una evaluación contínua del desempeño de los alumnos de cada curso a distancia, aplicando una metodología pedagógica, metodológica y tecnológica específica para cada caso.

En la evaluación de los alumnos se tienen en cuenta dos tipos de criterios: uno de tipo académico o sustantivo, que tiene en consideración los contenidos tanto de los comentarios en las clases como de los trabajos solicitados por los docentes; y otro de tipo técnico/instrumental, relacionado con las actividades del Campus Virtual (lectura de clases, chateo, actividades de teletrabajo).

Generalmente, como requisitos de evaluación, los alumnos deben contar con la lectura del 100% de las clases teóricas; el envío como mínimo del 80% de las consignas solicitadas por los docentes, las cuales son evaluadas por estos, y la participación en sesiones de *chat* organizadas por los docentes durante el desarrollo del curso. Aproximadamente un 70% de los participantes aprueba los cursos, de acuerdo a estadísticas propias.

También, como parte de la evaluación final, el Campus Virtual de CLACSO envía a los alumnos un cuestionario de evaluación que permite un análisis cuantitativo y cualitativo del uso de la plataforma virtual, el desarrollo del curso, la interacción con los alumnos y docentes, etcétera. En la edición 2002 del curso, al evaluar la propuesta académica, el 49% de los participantes se mostró muy satisfecho, y el 48% satisfecho. Al evaluar la plataforma de Campus Virtual, los participantes se mostraron muy satisfechos en un 61%, y satisfechos en un 39%.

Limitaciones

Las limitaciones de este tipo de educación a distancia deben tenerse en cuenta al momento de organizar y supervisar un curso vía Internet. Las principales limitaciones que hay que compensar desde la gestión del curso son que el proceso de integración del grupo se desarrolla con lentitud debido a la ausencia de lenguaje corporal y la diversidad cultural y geográfica, y que docentes y alumnos están expuestos a mayor dedicación de la prevista.

Para compensar la lentitud en el proceso de integración de los participantes al grupo, la Coordinación del Campus organiza sesiones iniciales donde estos se presentan y comparten con el grupo sus expectativas respecto del curso. A posteriori, cada semana se organiza un *chat* donde el momento inicial es informal previo a dar por iniciado el tema de debate. Esta interacción facilita el proceso de integración.

Respecto al mayor tiempo dedicado por alumnos, se les aclara desde el comienzo del curso que la dedicación de cinco horas semanales no incluye la lectura de todos los comentarios enviados por los demás alumnos a la clase. De esta forma, sólo quien dispone de más tiempo se dedica a leer y eventualmente comentar las consignas preparadas por los demás alumnos del curso para cada clase.

La mayor dedicación de los docentes es casi inevitable cuando se trata de un docente que no tiene mucha experiencia en el manejo de grupos de alumnos en entornos virtuales. A medida que aumenta esa experiencia, el docente encuentra formas de organizar el trabajo que son más eficientes y efectivas para el cumplimiento de los objetivos del curso.

Factores importantes

Algunos factores que hacen al éxito de un curso que se dicta vía Internet son: definir claramente, al momento de diseñar el curso, el perfil de los postulantes, los contenidos, los resultados esperados, el perfil y la dedicación de los docentes, la dedicación de los alumnos, la actitud proactiva en los docentes y la coordinación, la capacitación de docentes y alumnos en el uso del Campus, y que la bibliografía obligatoria en español sea entregada en texto completo.

Actualmente CLACSO está investigando migrar su Campus Virtual a una plataforma de *software* libre, dado que institucionalmente adhiere al movimiento internacional de *software* libre.

Grupo de Trabajo Regional

Como forma de dar continuidad a los grupos que se forman en el curso sobre Bibliotecas Virtuales y las Ciencias Sociales que se dicta cada año en el Campus Virtual de CLACSO, se invita a los graduados del curso a integrarse a un Grupo de Trabajo Regional que funciona como apoyo para que la Biblioteca Virtual de CLACSO responda a las necesidades de la comunidad de ciencias sociales de la región.

DOCUMENTOS

COMENZANDO LA PUBLICACIÓN DE REVISTAS ELECTRÓNICAS

Sally Morris, INASP

ACERCA DE INASP

Basada en Oxford, Reino Unido, la Red Internacional para la Disponibilidad de las Publicaciones Científicas –*International Network for the Availability of Scientific Publications* (INASP)– fue establecida por el Consejo Internacional para la Ciencia en 1992. INASP trabaja en colaboración con instituciones de países en desarrollo y en transición para atender las necesidades de información, comunicación, trabajo en red y publicación de investigadores, académicos, profesionales de la salud, profesionales del desarrollo rural, bibliotecarios y editores. Como parte de estos programas, INASP también proporciona apoyo a redactores y editores para facilitar el mejoramiento de sus prácticas, particularmente en lo que respecta a alentarlos a publicar en línea.

Los programas de apoyo a la edición trabajan con editores y redactores para proveer talleres de capacitación, materiales de referencia, un entorno favorable para el trabajo en red, y apoyo para el desarrollo de publicaciones en línea. Como parte del programa, un sitio web dedicado a alojar publicaciones periódicas africanas en línea se encuentra disponible desde 1998: African Journals OnLine <http://www.inasp.info/ajol> proporciona un servicio para incrementar la visibilidad de las publicaciones a escala global, y está previsto que el programa se extienda a Nepal, Sri Lanka y Bangladesh en el corto plazo.

Diversos recursos relativos a cómo publicar en línea están disponibles en el sitio web de INASP: vea las publicaciones en línea en <http://www.inasp.info/pubs>. Para mayor información, visite el sitio de INASP. El siguiente ensayo publicado por INASP proporciona una serie de lineamientos para editores que estén considerando involucrarse en el ámbito de las publicaciones en línea, y está también disponible para ser descargado del sitio web de INASP.

INTRODUCCIÓN

Publicar una revista electrónica puede parecer muy interesante. Existe un sinnúmero de buenas razones para hacerlo, pero también se presentan desventajas. Antes que se comprometa usted y su organización en el esfuerzo y gastos involucrados, es recomendable analizar cuidadosamente tanto las ventajas como desventajas. Al final la decisión dependerá de sus objetivos principales, por ello es importante tener claro en primer lugar el por qué se está publicando, o planificando publicar, y qué información desea dar a conocer y a quiénes.

Este ensayo proporciona un resumen valioso acerca de todos los temas que usted debe tener en consideración y también incluye referencias que lo llevarán a una gran cantidad de información y detalles en cada aspecto.

Los tópicos incluyen:

- ¿Por qué realizar publicaciones electrónicas?
- Si usted decide hacerlo, ¿qué decisiones debe tomar?
- ¿Qué cambios debe hacer a sus procedimientos?
- ¿Cuánto podría costar?
- ¿Cuáles son los modelos económicos para recuperar algunos o todos los gastos?
- Consideraciones para otorgar licencias

POR QUÉ REALIZAR PUBLICACIONES ELECTRÓNICAS

Generalmente, se considera que las publicaciones electrónicas tienen cuatro grandes ventajas sobre las impresas: cobertura Internacional, velocidad, capacidades adicionales y bajo costo. Todo esto es verdad hasta cierto punto.

COBERTURA INTERNACIONAL

Es efectivo que los lectores de todo el mundo pueden teóricamente acceder y leer su revista (siempre que cuenten con el equipo necesario; y en el caso de revistas en línea, conexiones a Internet). No es necesario disponer de copias impresas para ser enviadas a distintas partes del planeta, lo que puede resultar costoso y lento. Aun así, la pregunta real es si la gente accederá primeramente a su publicación. Para hacerlo, ellos deberán saber de su existencia (y, para revistas en línea, su dirección en la web). A menos que tenga promoción internacional para su revista, la disponibilidad electrónica no necesariamente marcará una diferencia para los lectores.

VELOCIDAD DE PUBLICACIÓN

Tan pronto un artículo esté listo para su publicación, puede ser publicado; no es necesario esperar que esté impreso y empastado. En cuanto es publicado queda disponible para los lectores; no necesita esperar que llegue por correo. Más aun, no es necesario esperar a tener cierto número de artículos para confeccionar una revista impresa. Puede, si así lo quiere, publicar artículos individualmente tan pronto estén listos (o incluso el artículo aceptado lo puede publicar en una forma que no esté completamente editada). Estos ahorros de tiempo pueden ser muy útiles para los autores, particularmente por la rapidez en el avance de ciertos temas, como en las ciencias, donde la prioridad de la publicación es extremadamente importante.

Sin embargo, muchos de los procesos importantes de la publicación pueden ser lentos si se desea producir una publicación de calidad. Si es una revista de investigación, aun así requerirá de una evaluación por pares, lo cual junto con las subsecuentes revisiones generalmente es lo que más tiempo demanda entre el envío de un artículo y su eventual publicación. A pesar de ello, el despacho de los manuscritos a los evaluadores, y los comentarios de estos a la oficina editorial, se pueden realizar instantáneamente por medios electrónicos (1), pero la lectura, análisis y reporte tomarán exactamente el mismo tiempo.

Igualmente, los procesos editoriales son importantes si se desea que los artículos publicados sean consistentes, precisamente expresados, y claramente entendidos. Una buena edición también hace fácil para los lectores encontrar el camino a las revistas y a los artículos individuales. Si desea hacer una revista electrónica más útil e interesante que una impresa, se requerirá trabajo adicional, como por ejemplo para agregar vínculos, material suplementario o características "no imprimibles" como imágenes en movimiento o animaciones. No es de ayuda para la comunidad científica si los editores no se toman el tiempo y esfuerzo necesarios para una edición cuidadosa. Esto puede, de hecho, ser un "cuello de botella" que evita publicar más artículos; a menos que pueda incrementar sus recursos editoriales, no podrá editar más de cierto número de artículos, sin dañar la calidad.

Capacidades adicionales

De todas las capacidades posibles con las revistas electrónicas, los vínculos –la posibilidad de ir directamente desde una cita en un artículo al artículo al cual se refiere– es la más valorada por autores y lectores (2,3). Ver más abajo sección Vínculos para más detalles.

La publicación electrónica también hace posible incluir material que no se podría mostrar en una revista impresa, ya sea por razones de espacio o porque el material es difícil, costoso o imposible de imprimir. Los artículos de investigación pueden ir acompañados de los datos desde los cuales se obtuvieron los resultados –preferentemente en una forma en que los lectores puedan manipularlos por sí mismos, por ejemplo, para comparar con su propia información o la de otros. Las ilustraciones a color pueden estar prohibidas económicamente en una revista impresa, pero no presentan este problema en una electrónica.

Imágenes en movimiento, sonidos o animación también pueden ser incluidos, a pesar que en la actualidad muy pocos autores proporcionan este tipo de elementos. También necesitará considerar si los lectores (así como los evaluadores) tienen el *software* necesario para utilizar este material adicional. Los archivos no textuales también presentarán nuevos desafíos a la oficina editorial en el trabajo de revisar y, si es necesario, corregir este material.

Sin embargo, cabe destacar que en un estudio reciente los encuestados otorgaron un gran valor a los vínculos, en cambio todas las otras posibilidades adicionales recibieron una valoración bastante menor, lo que quizás haga que no sea necesario dedicar demasiado tiempo y dinero en éstas.

COSTOS REDUCIDOS

Si decide no optar por la versión impresa, ahorrará los costos que implica la impresión y entrega de las copias en papel. No obstante, por el bajo número de copias impresas que requiere una típica revista académica, los importes de impresión y entrega representan una pequeña proporción de los costos totales, mientras que los costos de todo el trabajo de la editorial y la "primera copia" se mantienen. También tendrá nuevos costos asociados con las publicaciones electrónicas –esto será analizado con mayor detalle posteriormente. Los costos de manejo de datos y administración generalmente aumentan. Tenopir y King (4,5) estiman, según estadísticas a las cuales han llegado, que el ahorro total de una revista de quinientos suscriptores no es mayor que el 4%, aunque pudiera llegar al 25% si se tiene la suerte de tener 5 mil suscriptores. Sin embargo, reconocen que en estos gastos no estaban considerados los costos relativos a los computadores, que aumentan para revistas de mayor circulación. Halliday y Oppenheim (6,7) han estimado con bastante detalle los costos implícitos, que no disminuyen con la versión electrónica, en contraposición a la publicación impresa; también trataron de estimar los nuevos costos adicionales de una publicación electrónica.

Si decide ofrecer tanto la versión impresa como la electrónica, los ahorros de la impresión y distribución por supuesto serán menores, pero los nuevos costos, relativos a la versión electrónica se mantendrán. Tenopir y King (2000) estiman que en general, los costos pueden incrementarse aproximadamente en un 20%. Esto constituye una opción costosa, a pesar de que muchos editores han encontrado que sus lectores están renuentes a estar sin copias impresas, y se han visto forzados a tomar esta ruta, al menos por un corto tiempo.

Lo que realmente parece suceder, cuando los lectores utilizan una revista electrónica, es que imprimen los artículos que desean leer, para poder llevarlos consigo, realizar anotaciones en ellos y posiblemente archivarlos (2). Leer un artículo completo desde la pantalla es algo con lo que la mayoría de los lectores actuales no están muy cómodos –a pesar de que generaciones más jovenes podrían estar más acostumbradas a leer desde la pantalla del computador y pudiesen comportarse de una manera diferente en el futuro. En cierto modo se están simplemente traspasando los costos de impresión del editor al lector.

Los costos de administración de una versión electrónica son considerablemente menores si usted es capaz de hacer su revista disponible para todos, libre de costo. Esto quiere decir que no tendrá que tener un sistema que revise la identidad de cada persona que intente acceder a su sitio y que responda de diferentes maneras, dependiendo si el sistema reconoce o no al suscriptor. Este sistema es complicado y costoso, no sólo en su creación, sino también en su manutención; vea las secciones posteriores: "Sistema" de revistas Electrónicas, en Administración de suscripciones y servicio al cliente, y en ¿Cuáles son los modelos económicos para recuperar algunos o todos los gastos?

Comodidad

Una de las grandes ventajas para el usuario es que puede acceder al contenido de la revista desde su computador –incluso, si tiene suerte, desde el propio escritorio. No necesita ir a una biblioteca, y arriesgarse a que alguien esté utilizando la revista que buscaba. Se puede acceder a la revista en cualquier momento y no solamente durante las horas de atención de la biblioteca. En una encuesta de la ALPSP (2) la comodidad fue la característica más valorada de las revistas electrónicas.

Búsqueda

Otro de los beneficios importantes de una revista electrónica es que facilita notablemente la búsqueda de artículos para los lectores. Esto es así si usted organiza su sistema de manera tal que los usuarios puedan buscar palabras o frases en particular. Aun si esto no es posible con su sistema, es muy rápido y fácil para los lectores buscar en las tablas de contenido de las revistas anteriores, por ejemplo, un artículo que sólo recuerdan vagamente. Esto es mucho más fácil que buscar en cada una de las revistas en las estanterías de la biblioteca! Dependiendo de la sofisticación de su sistema, también podría ser posible que los lectores vayan directamente a una sección particular de la revista (como por ejemplo, revisiones de libros), o incluso a una sección específica de un artículo (como "Materiales y Métodos" o "Resultados").

Vínculos

Una de las características más atractivas tanto para autores como para lectores (2) es la capacidad de incluir hipervínculos entre el material de la revista, ya sea en su propia publicación(es) –como vínculos desde la tabla de contenido a los artículos individuales– o a otras publicaciones –como vínculos a artículos citados en la lista de referencias. Vincular se ha hecho posible gracias a vías secundarias de resúmenes e indexación a bases de datos como MedLine; como mínimo, usted debe poder vincular al resumen del artículo citado, y dependiendo de la política del otro editor, sus lectores pueden entonces seguir el vínculo al texto completo si así lo desean. Avances como el de *Digital Object Identifier* (DOI) (10,11,12,13) están diseñados específicamente para hacer esto más fácil. Un proyecto colaborativo llamado CrossRef (14) utiliza la tecnología DOI para operar un sistema de vínculos manejables y consistentes entre citaciones y los artículos citados en revistas electrónicas; la participación es gratis para un editor.

Archivar

Éste es otro tópico que requiere de un análisis cuidadoso; ya que es una preocupación para los editores y las bibliotecas de todo el mundo. Las revistas impresas son relativamente fáciles de almacenar, aunque ocupen espacio y se puedan deteriorar con el tiempo, especialmente si no es posible guardarlas en condiciones ideales. Aun más, una biblioteca que se ha suscripto a una revista en el pasado siempre tendrá las copias a las cuales se suscribió, aunque un día se cancele dicha suscripción.

Lo mismo no ocurre con las publicaciones electrónicas (15,16). No existe una manera fácil de archivar una revista electrónica, particularmente una entregada en línea. Aunque las bibliotecas realicen copias de respaldo, éstas pueden requerir de actualizaciones en el tiempo, a medida que la tecnología cambia. Una de las características más atractivas de una revista en línea, los vínculos a otros sitios, puede llegar a ser no atractiva debido a la no permanencia de las direcciones *World Wide Web* (URLs).

En algunos países, las bibliotecas nacionales están buscando una manera para mantener tal archivo, pero aún no han resuelto todos los problemas. Cualquier forma de depósito de revistas electrónicas (por ejemplo, en bibliotecas nacionales) no será de utilidad a menos que se cuente con los *software* necesarios para recuperar el contenido. Si usted decide publicar una revista en formato sólo electrónico, debe considerar cuidadosamente cómo resolver este problema, de lo contrario existe un peligro real de que el material que publica no esté disponible para los futuros científicos. La versión en papel, por supuesto, entrega una solución. Un proyecto interesante que se preocupa por la forma de archivar artículos de revistas es J-Stor (17,18,19,20,21,22).

Se están llevando a cabo diferentes estudios en varios países para explorar los requerimientos de un depósito legal de material electrónico (por ejemplo, en bibliotecas nacionales) del mismo modo en que normalmente se necesita para revistas impresas. Además de trabajar en el cómo preservar este material adecuadamente para la perpetuidad, preguntas relativas al acceso también deben ser incluidas para proteger el negocio de los editores depositarios (23,24).

Es importante considerar en la elaboración de una licencia (ver más adelante sección Consideraciones para otorgar licencias) cuál será el enfoque que usted adoptará, con la finalidad de otorgar acceso al material en caso de que el cliente desee discontinuar la suscripción. Los bibliotecarios están ansiosos de poder garantizar que, del mismo modo como ocurre con el material impreso, se podrá continuar con el derecho al acceso al material electrónico al cual se suscribió. Sin embargo, no todos los editores pueden continuar con el acceso a material previo aun cuando la biblioteca no continúe con la suscripción. Una alternativa es proporcionar archivos electrónicos (posiblemente en *CD-ROM*) al cliente cuando se discontinúe la suscripción.

Una alternativa más radical, sin embargo, es dejar sin restricciones de acceso a los números antiguos. La iniciativa *Public Library of Science* (25) instó a autores y editores sólo a trabajar con revistas que dejaban libremente disponibles los números antiguos en un tipo particular de archivo seis meses después de la publicación. En parte, como un resultado indirecto de esta iniciativa un número creciente de editores (26) están dejando ahora los números antiguos libremente disponibles, aunque generalmente en su propio sitio; el intervalo entre la publicación inicial y el acceso libre varía entre seis meses y tres años de acuerdo al patrón de uso del material antiguo en las diferentes disciplinas (y por supuesto de acuerdo a los requerimientos de cada editorial para la recuperación de costos).

Alternativas para revistas formales

En ciertas disciplinas los investigadores están acostumbrados a distribuir su trabajo informalmente antes de una publicación, en forma de pre-impreso. Lo cual por supuesto es mucho más fácil de realizar en forma electrónica (por ejemplo vía e-mail) que de manera impresa. El medio electrónico también hace mucho más factible el almacenaje de estos pre-impresos en una base de datos navegable (a menudo institucional). Una base de datos de pre-impresos está muy bien establecida en física y disciplinas relacionadas (27). Además, algunos escritores están ahora impulsando que los autores archiven la versión final publicada de sus artículos en bases de datos públicamente accesibles (a veces conocidas como bases de datos de pre-impresos); esto es un enfoque más aceptable en temas como la medicina o las ciencias de la vida, donde el material no referenciado pudiera ser más problemático (28,29). Se están desarrollando *softwares* para facilitar la búsqueda simultánea de manuscritos en más de una base de datos de pre-impresos (30).

El problema con esto es que se podría debilitar la existencia de revistas en las cuales los artículos se publicaron originalmente, pues artículos individuales estarían disponibles gratuitamente para quien los requiera. Por supuesto, en la forma de pre-impresos los artículos no han tenido el beneficio de la revisión por pares, ni del mejoramiento que puede ser introducido por una buena edición. Aun más importante es quizás el hecho de que no tengan la valiosa "etiquetación" que viene de la inclusión en una revista reconocida; esto habilita al lector potencial a tener una inmediata idea no sólo de la calidad, sino también del tema y de la línea editorial. Sin embargo, los archivos de pre-impresos no presentan estas desventajas y podrían efectivamente amenazar la sobrevivencia de revistas a no ser que se encuentre una vía alternativa para la recuperación de los costos de la revista.

Algunos escritores (31,32) creen que la revisión por pares y los procesos asociados deberían ser pagados por los autores (o sus fuentes de financiamiento) para que las versiones evaluadas y editadas del artículo puedan quedar disponibles de forma gratuita, aunque otros (4) reconocen que puede ser difícil para el editor obtener ganancias de esto. Esto es más difícil para investigadores en el área de las humanidades, donde el financiamiento para la investigación es limitado en comparación con las ciencias. También es más difícil para autores de países menos prósperos (efectivamente muchas de las revistas que no recuperan sus gastos en esta manera no traspasan los costos a los autores). Una alternativa recientemente lanzada (33) que se ve promisoria es solicitar a las instituciones que paguen, no por la suscripción a las revistas, pero que dejen libremente disponible toda la producción de sus investigadores en revistas de "acceso libre". Algunos editores (35) están también experimentando con permitir el acceso libre a los artículos, pero cobrando por los servicios relacionados, como por ejemplo las evaluaciones.

Obviamente resulta esencial tener un modelo económico viable para la recuperación de los gastos (o subsidio) antes de comprometerse con una revista de acceso libre. Sin embargo, los beneficios al acceso libre a subsidios son tan evidentes que la *Open Society Institute* recientemente ha lanzado una iniciativa de tres años para apoyar económicamente el desarrollo de nuevos modelos económicos y la creación (o conversión) de revistas de acceso libre (34).

INCERTIDUMBRES

La publicación electrónica aumenta considerablemente el número de nuevas preguntas: ¿Cómo se cita una referencia en una revista sólo electrónica o en una base de datos de pre-impresos?, ¿qué fecha dar a un artículo que ha sido previamente publicado en línea antes que la versión impresa esté disponible? Existen más temas fundamentales también acerca de cómo considerar una "publicación", en un ambiente donde potencialmente los documentos se actualizan de manera continua. Todas estas son preguntas difíciles y hasta ahora sin respuesta.

SI USTED DECIDE HACERLO ¿QUÉ DECISIONES DEBE TOMAR?

Si llega a la conclusión de que una publicación electrónica es el curso de acción correcto para su revista, hay un número de decisiones sobre las cuales deberá pensar.

¿SITIO WEB DE REVISTA, TABLAS DE CONTENIDO O TEXTO COMPLETO?

Con la finalidad de que su revista o revistas tengan presencia en línea, usted deberá crear un sitio web (en realidad los sitios web de la editorial constituyen una herramienta poderosa de marketing, aun cuando la versión en línea de los contenidos no se encuentre disponible). Éste debería contener infomación acerca de la revista: cobertura, editor (es) y miembros del comité editorial, cómo suscribirse y cómo enviar un artículo; una imagen de la tapa de la revista podría ser de utilidad. El sitio web de la revista también sería el punto de acceso al contenido de ésta en caso de estuviera disponible en línea.

No tiene que hacer electrónicos los contenidos completos de la revista. Existe un valor considerable en poner a disposición sólo las tablas de contenido, y posiblemente también incluir únicamente los resúmenes de los artículos; esto puede realizarse antes que la versión impresa esté disponible. Esto dará a los lectores la ventaja de poder buscar rápida y fácilmente los artículos de su interés. Si decide, inicialmente al menos, sólo proveer las tablas de contenido en formato electrónico, no será necesario pensar en cobrar por el acceso ni restringirlo a los suscriptores. Puede ser buena publicidad para su revista, y para sus autores, publicitar las listas de contenido de cada nuevo número tan amplia y rápidamente como sea posible.

También puede considerar el ofrecer a sus lectores un servicio donde envía por correo electrónico las tablas de contenido en detalle para el nuevo número. Esto es posible si el texto está disponible completo o no en la versión en línea. Si ofrece este servicio a los no-suscriptos tanto como a los suscriptos, podrá identificar a las personas que pueden estar interesadas en suscribirse en un futuro.

TODOS LOS ARTÍCULOS O SÓLO ALGUNOS

No es necesario que el contenido completo de la revista esté disponible electrónicamente. Puede decidir ofrecer sólo artículos de investigación, e incluir otro material (editoriales, revisiones de libros, noticias, calendarios de eventos, correspondencia) sólo en la versión impresa. O si decide hacer primordialmente de la versión electrónica una forma de publicidad para la revista impresa, puede optar por entregar artículos seleccionados, o un número de muestra, para ilustrar la calidad y variedad de la cobertura de la revista.

Artículo por artículo o revista por revista

Si decide publicar la revista completa en línea, tiene la posibilidad de publicar artículos individuales tan pronto estén listos, en vez de esperar a completar el número de la revista. Algunos editores están liberando artículos en su formato de pre-impresión (25). La publicación de un artículo tan rápido como sea posible puede ser muy útil para el autor, particularmente en disciplinas científicas que avanzan rápidamente y donde la prioridad es muy importante. A pesar de ello no es necesariamente una ayuda para los lectores, quienes pueden considerar más conveniente la entrega (ya sea electrónicamente o en papel) de la colección de artículos empaquetados en un número de la revista (26). Con la publicación artículo por artículo también se presentan algunas dificultades: ¿Cuál es la fecha oficial de publicación si la versión electrónica está disponible antes que la impresa?, ¿cómo distinguir las versiones de pre publicación, si no son completamente iguales a las versiones publicadas? y ¿cómo realizar los cálculos financieros internos cuando las ganancias de rentas de las suscripciones prepagadas son por publicación?

El sistema de la revista electrónica, en contraposición a sólo amontonar archivos

Es perfectamente posible crear un sitio web que únicamente contenga archivos electrónicos del contenido de la revista. A pesar de ello, esto no será muy atractivo o útil para los lectores. Como mínimo, deberá proveer alguna estructura jerárquica para que los lectores puedan ubicarse. Al menos, esta estructura necesitará identificar los elementos revista, número, artículo, para permitir una navegación lógica. Dependiendo de la naturaleza de la revista puede querer identificar diferentes artículos. Mejor aún sería continuar la estructura de los artículos (resumen, introducción, materiales y métodos, etc. –sin olvidar las referencias) para que así los lectores puedan dirigirse directamente a la sección elegida. Como mencionamos anteriormente, las facilidades para buscar también son muy valoradas. Una vez que tiene un gran número de artículos disponibles la mejor manera de mantenerlos es en alguna clase de base de datos a la cual su sistema de acceso pueda "apuntar".

Si decide vender suscripciones para su revista electrónica (o restringir el acceso libre, por ejemplo, sólo los miembros de una sociedad o suscriptores de la versión impresa) también necesitará tener un sistema que permita a sus usuarios identificarse para así permitir o no su acceso.

Una revista electrónica más sofisticada puede ofrecer otras cosas, como la posibilidad de que los lectores realicen un marcaje o incluso hagan anotaciones en sus artículos favoritos. Los servicios de alerta a través de correo electrónico cuando un nuevo artículo o número aparece, incluso posiblemente seleccionando sólo aquellos artículos que sean de interés para un lector en particular, también son posibles (aunque aparentemente mensajes muy frecuentes pueden molestar a los clientes!). Los lectores incluso pueden enviar mensajes con sus comentarios relativos a artículos individuales, los cuales quedarían entonces disponibles para todos (38,39,40).

IMPRESA Y ELECTRÓNICA O SÓLO ELECTRÓNICA

Como ya se mencionó, algunos costos pueden reducirse al no tener una versión impresa. Sin embargo, es razonable tener en cuenta que los clientes existentes o potenciales estarían muy felices con esto. Realice un estudio de mercado si es posible. Hay que tomar en cuenta, también, el problema de almacenamiento mencionado anteriormente.

Es diferente si usted está considerando una revista impresa existente, o lanzando una completamente nueva. Con una revista existente, puede preguntar a sus clientes si apreciarían una versión electrónica, ya sea en vez o además de la impresa; las bibliotecas suscriptas pueden preocuparse por la pérdida de la versión impresa de sus estanterías, a menos que pueda ofrecerles una rebaja sustancial en los costos. Los autores pueden estar menos dispuestos a enviar sus artículos a una revista que está disponible sólo en formato electrónico (esto es en parte por la carencia de certeza sobre la accesibilidad a un largo plazo y su preservación). Siempre es difícil obtener buenos manuscritos para una revista nueva y desconocida, y esto hace peor el problema. Por otra parte, con una nueva revista sólo electrónica puede incluir características que no son posibles en papel; también puede experimentar con nuevos modelos de recuperación de costos, como cobrar a los autores o a sus instituciones y no a los lectores (ver más adelante).

Si decide publicar tanto la versión en papel como la electrónica, puede que no sean exactamente iguales. Aparte de las características adicionales en la versión electrónica, es imposible garantizar que no se deslicen errores menores en los archivos electrónicos. Puede ser útil para los lectores si usted estipula claramente que una u otra versión es definitiva –un número creciente de editoriales están dejando ahora la versión electrónica como la definitiva.

POSIBLES CARACTERÍSTICAS EXTRA EN UNA VERSIÓN ELECTRÓNICA

¿Las quieren sus clientes (tanto autores como lectores)? (Nuevamente, un estudio de mercado es la única manera de saber). ¿Puede costearlas? Algunos sumarán gastos en la producción electrónica de una revista, no sólo en tecnología, sino también en tiempo. Asegúrese que no está malgastando tiempo y dinero desarrollando características que sus clientes no valorarán.

ÚNICO O EN "PAQUETES"

Si usted es lo suficientemente afortunado como para publicar varias revistas, entonces podría tener beneficios al venderlas como un paquete único (con o sin la opción de que el cliente las pueda comprar separadamente). La evidencia muestra que el uso de títulos donde los clientes no se habían suscripto previamente puede resultar inesperadamente alto (41,42). Si usted también publica libros u otro contenido relacionado con el tema de la revista, puede crear un paquete más enriquecido aún; también podría incluir vínculos a material de otros sitios. Otra posibilidad sería colaborar con una o más editoriales para crear un paquete todavía más grande.

En línea o *CD-ROM*

Uno tiende a asumir que las revistas electrónicas son revistas en línea. Sin embargo, en algunas circunstancias un *CD-ROM* puede ser más práctico. Esto es particularmente cierto cuando no hay, en general, disponibilidad de los computadores adecuados, o –más importante– de conexiones a Internet, las cuales por supuesto dependen de una amplia disponibilidad y de sistemas telefónicos confiables.

Por supuesto, las revistas en *CD-ROM* tienen grandes limitaciones. Aún tendrá que enviar por correo los *CD-ROMs* a sus suscriptores; no será posible publicar artículo por artículo, e inclusive una revista completa normal no tiene por qué completar un *CD-ROM*. A pesar de ello, puede resultar una opción atractiva en ciertas circunstancias, aunque tendrá que tener cuidado con el formato. Aunque el formato *CD-ROM* fue estandarizado (43), hoy existe una gran variedad de formatos (diferentes velocidades, información en ambos lados, etc.), y es importante asegurarse que sus *CD-ROM* estén en un formato adecuado para la mayoría de los clientes. Los *CD-ROMs* también son una alternativa de proveer un archivo de medio término relativamente estable, a pesar de que nadie puede estar seguro realmente de cuánto tiempo serán leíbles.

Hágalo usted mismo, o utilice el servicio de otros

Una manera de evitar los costos del desarrollo completo de una revista electrónica es utilizar uno que alguien haya elaborado previamente. Sociedades doctas (particularmente las grandes) pueden ofrecer sus servicios con un costo; también lo pueden hacer las universidades y otras editoriales, tanto las sin fines de lucro como las comerciales, como también algunos agentes de suscripción (aunque es importante asegurarse que la revista sea también accesible a los clientes de otros agentes). Otras organizaciones se están especializando en ofrecer servicios de hospedaje a revistas, a veces de manera específica a sociedades pequeñas sin fines de lucro (44,45,46). Algunas iniciativas se están enfocando a hacer revistas electrónicas más asequibles (aunque la participación es costosa) (31,32). Puede haber un lugar para nuevos consorcios de sociedades y editores, para combinar sus esfuerzos. Una idea, que está siendo investigada por *ICSU Press*, es la posibilidad de unir revistas del norte y del sur. Teniendo su revista(s) disponible en el mismo sitio con otras revistas parecidas, probablemente aumentará su visibilidad a lectores potenciales, y por ende su uso. Con las revistas electrónicas, no importa realmente de donde nazcan las bases para la unión, aunque por características como el idioma u otras, usted prefiera utilizar a alguien de su país, y así las comunicaciones diarias ciertamente serían más fáciles. Las universidades y otras organizaciones pueden desear incluir su material en su sitio web, para lo cual se debe tener en cuenta que si aún no están manejando revistas o contenidos similares, sus sistemas no serán apropiados sin realizarles modificaciones (implica costos).

Hay un sinnúmero de organizaciones que han sido creadas específicamente para ayudar a la publicación de revistas electrónicas en países en desarrollo, reconociendo que las revistas pueden tener baja visibilidad internacional y que sus editores pueden estar limitados por la falta de dinero y el *know-how*. Una de estas organizaciones es *Bioline Publications* (47,48,49,50,13) la cual dispone de revistas de biociencias en representación de editores colaboradores, y también ha lanzado por si misma revistas sólo electrónicas. *Bioline* también ha establecido el *Electronic Publishing Trust for*

Development (51) para apoyar las publicaciones electrónicas de revistas editadas en países en desarrollo. Otro es *ExtraMED* (52,53) el cual produce *CD-ROMs* conteniendo las imágenes de páginas completas de casi trescientas revistas médicas y de ciencias de la salud de países en desarrollo y las promueve en bibliotecas a través del mundo; servicios similares existen en ciencias (ExtraSCI-UNESCO) y Agricultura (AgROM Extra FAO). INASP produce revistas africanas en línea, y publica las tablas de contenidos y resúmenes de cuarenta y tres revistas africanas y vende fotocopias de los artículos (41). El *Open Society Institute* dirige el *Center for Publishing Development en Budapest* (42), el cual ayuda a iniciativas editoriales locales en Europa del Este. Siempre es difícil para sociedades doctas, incluso en el occidente, encontrar suficiente apoyo económico para sus editores en cualquier parte como ellos quisieran; se está explorando la idea de *partnership* entre editores de países desarrollados y en desarrollo, por ejemplo por la *Association of Learned and Professional Society Publishers* a través del *ALPSP Partnership Project*.

El *International Council of Scientific Unions* (ICSU) tiene una excelente publicación breve, *Guidelines for Scientific Publishing* (58), que fue actualizada en 1999. Otra publicación útil es la segunda edición de *Serials Publications: guidelines for good practice in publishing journals* (publicada en el 2002), que toma en cuenta las revistas electrónicas (59). También hay un capítulo de utilidad en Publicación Electrónica en *Journal Publishing* por Page et al. (60). Además, SPARC en el 2002 (una iniciativa cuya misión es reducir el costo de las revistas para las bibliotecas) lanzó *Gaining Independence*, una guía para aquellos que desean establecer sus propias revistas electrónicas a un precio razonable (61). Una breve lista de control de *ALPSP Putting your journals on line* está disponible en

http://www.inasp.info/psi/ejp/checklist.html

VENDA USTED MISMO, Y/O A TRAVÉS DE INTERMEDIARIOS

Hacer que las revistas estén disponibles electrónicamente es sólo la mitad de la historia. Después debe venderla, lo que no sólo incluye la venta misma, sino también arreglar el acceso electrónico y la adecuación de cualquiera de los mecanismos de control que haya elegido. Más aún, será sabio si considera las licencias que desea tengan sus lectores. Al contrario de las revistas impresas, las electrónicas entregan a los usuarios un gran número de usos, algunos de los cuales tal vez quiera prohibir (ver sección Consideraciones de licencias más adelante). Una posibilidad es tener uno o más intermediarios que se encarguen de esta parte por usted; muchos agentes de ventas están ofreciendo este servicio, por un costo, para revistas electrónicas. Esto puede tener sentido, ya que la mayoría de las bibliotecas se relacionan con los agentes por sus publicaciones impresas. Más aún, a través de algunos sistemas de agentes de ventas los usuarios pueden ingresar a todas sus revistas electrónicas por medio de un mecanismo simple de acceso; obviamente esto es preferible para el usuario, a la alternativa de tener que ingresar a distintos sitios web, probablemente utilizando distintas claves para cada revista. Obviamente resulta más fácil si el agente también proporciona hospedaje a la revista; si no lo proporciona, usted deberá entregarles información básica acerca de los "encabezamientos" –tablas de contenido y de preferencia resúmenes– en formato electrónico de manera que los usuarios puedan realizar búsquedas. Tomar esta vía aumentará sus costos totales, ya que tendrá que pagar a un intermediario, pero también es preferible para aumentar la accesibilidad, y por ende, el uso de sus revistas.

¿QUÉ CAMBIOS DEBE HACER A SUS PROCEDIMIENTOS?

Si es que decide o no realizar todo por usted mismo, la publicación electrónica hará necesario que cambie su forma de trabajar (62,63), aspecto que es muy importante no subestimar.

EDITORIAL

Si va a publicar, no serán aspectos menos importantes. Además, los editores pueden necesitar agregar (y verificar) vínculos electrónicamente, la evaluación por pares, revisión y edición de artículos. Un número cada vez mayor de autores –en ningún caso todos– son capaces de enviar sus artículos en forma electrónica, lo que le puede ahorrar algunos de los costos de composición (o su equivalente electrónico). Usted solamente podrá obtener beneficios si tiene un computador apropiado en su institución, de manera que el proceso de edición y preparación puedan ser realizados electrónicamente. Si tuviera que cancelar un digitador para que transfiriera la copia revisada y las marcaciones para la versión electrónica, el ahorro sería mínimo o inexistente. La publicación de artículo por artículo hace particularmente importante tener un buen sistema de seguimiento interno de manera que pueda conocer el estado de cada uno de los artículos; usted puede desear agregar artículos a su base de datos previo a que sean entregados finalmente para su publicación. Existe un número de sistemas comerciales bastante caros que permiten el manejo de los artículos, como también de la información acerca de ellos, en todas las etapas del proceso de publicación. Si no tiene uno o más computadores con la capacidad suficiente, necesitará adquirirlos o subcontratar el trabajo de alguien que los tenga –es más difícil, pero no imposible publicar una revista electrónica sin algún equipo electrónico propio.

Es esencial que, cuando adquiera los derechos de autor o el derecho a publicar de sus colaboradores en la revista –que siempre lo deberá hacer–, compruebe de haber asegurado los derechos electrónicos. También es importante volver a revisar que usted o el autor hayan obtenido los derechos electrónicos para cualquier otro material que deba incluir, tales como ilustraciones o citas de otras publicaciones. ALPSP entrega un ejemplo de este tipo de acuerdo (64).

PRODUCCIÓN

El proceso de producción requerirá obviamente ser diferente para una revista electrónica (o versión impresa y electrónica en forma paralela). Los archivos tendrán que adecuarse a un formato apropiado tal como PDF o HTML, de manera que usted, su equipo o proveedores necesitarán aprender como hacer esto. Los archivos PDF reproducen la apariencia de una página impresa; esto puede resultar menos legible en la pantalla, dependiendo del diseño de la revista, pero es adecuado para la impresión. Para crear archivos PDF usted o su proveedor necesitarán *software* especializado (65), y sus lectores deberán adquirir un programa especial (gratuito) para leer estos archivos. Los archivos HTML producen un diseño de pantalla, que puede ser modificado por el usuario (tal como, lamentablemente, ocurre con el texto). Puede ser más fácil leer en la pantalla, pero produce impresiones menos atractivas que no reflejan la edición impresa. Un archivo HTML también es más liviano que el PDF correspondiente, y por lo tanto más rápido de bajar; esto puede resultar de importancia si las conexiones a Internet son lentas.

Los archivos electrónicos deben ser revisados cuidadosamente para su fidelidad, ya que es muy fácil incurrir en errores en la conversión de los archivos. Cada archivo necesitará una "marcación" apropiada –al menos un nombre de archivo u otro identificador que le permita a usted y a su sistema conocer de qué artículo se trata, y preferiblemente un conjunto mínimo de metadata tales como el título de la revista, volumen, número, título del artículo, autor(es) del artículo, fecha de publicación e identificador. Si sus procesos en el pasado no han sido sistemáticos, es el momento en que realmente deberá cambiarlos.

Si intenta publicar ediciones paralelas (por ejemplo impreso y en línea o impreso y *CD-ROM*) será apropiado preparar el contenido en un solo formato "neutro" que luego pueda ser convertido en los diferentes formatos requeridos. SGML, y su cercano XML, es un formato particularmente valioso de emplear con este propósito, pero muy difícil de aprender y de usar (a pesar de que algunas herramientas comerciales están disponibles para simplificar esto). Aun, un formato simple de procesador de texto, como Microsoft Word, le tomará mucho tiempo.

Si ha elegido publicar artículo por artículo, sus proveedores necesitarán tener un sistema apropiado para el seguimiento de cada artículo individualmente, lo cual puede aumentar los costos.

MARKETING Y PROMOCIÓN

Marketing, en el verdadero sentido de descubrir qué es lo que su mercado desea y luego proporcionárselo, es tan necesario para revistas electrónicas como para revistas impresas. A pesar de que pudiera parecer tentador no realizar la etapa de un estudio de mercado, es extremadamente poco prudente. Además de hablar con la mayor cantidad de posibles potenciales autores y lectores, intente efectuar mediciones sistemáticas a través de cuestionarios. Si ve la publicación electrónica como un medio para que su revista sea más internacional, entonces su investigación de mercado también lo deberá ser. Esto le costará dinero, pero no tanto como pudiera perder si su revista falla. Este proceso no debería detenerse una vez que su revista ha sido publicada; continuamente existen oportunidades para cambiar y mejorar, en relación con las necesidades cambiantes de sus autores y lectores. Es valioso repetir cada cierto tiempo los cuestionarios tanto para los autores como para los suscriptores, reales y potenciales (si lo puede hacer por correo electrónico tanto mejor). Clientes que hayan cancelado sus suscripciones pueden ser fuentes de información particularmente valiosas acerca de lo que usted está haciendo erróneamente!

Una revista electrónica no se vende por sí misma tanto más que una revista impresa. Deberá asegurarse que aquellos que debieran estar interesados en leerla, y escribir para ella, estén en conocimiento de su existencia. No se trata sólo de enviar folletos (en realidad muchas editoriales reportan que esto es poco efectivo). Si puede obtener listados apropiados de direcciones de correos electrónicos, es bastante más económico que el correo postal; sin embargo sea cuidadoso acerca de enviar mensajes "promocionales" a listas de discusión de correo electrónico, puesto que esto no se considera profesional y puede generar una fuerte reacción negativa, a pesar de que en muchas listas es bienvenida la información directa acerca de revistas.

Es mucho más importante confirmar que su revista sea visible, tanto nacional como internacionalmente. Asegúrese de que su revista esté incluida en los principales motores de búsqueda de Internet (66). Sin embargo, una de las formas fundamentales de asegurar visibilidad a su comunidad es cerciorarse de que la revista esté incluida en bases de datos secundarias (resúmenes e indexación). Los servicios principales acostumbran a resistirse a incluir revistas sólo electrónicas, pero esto está cambiando. El más importante de todos es ISI (67), aunque los procedimientos de aceptación son bastante estrictos y el número de revistas que incluyen es restringido (68). Sin embargo, usted no puede incluir su revista en muchas bases de datos; identifique tantas como pueda que sean relevantes al tópico de la revista. Le pueden solicitar que proporcione una suscripción libre, y esto es un precio muy bajo a pagar. Será mucho mejor si puede proporcionar "encabezamientos" –detalles bibliográficos e, idealmente, resúmenes– en forma electrónica. Algunos servicios cancelarán por esto, si es que encuentran que les permite ahorrar tiempo y dinero; lamentablemente, sin embargo, no existe hasta el momento una estandarización acerca del formato requerido. Usted también debe asegurarse de que su revista sea incluida en el *Ulrich International Periodicals Directory* (59), que es la principal fuente de referencias.

Es particularmente difícil para revistas de países en vías de desarrollo lograr la visibilidad que resulta de la inclusión en las principales bases de datos. Pueden existir dudas acerca de la calidad del arbitraje, la ausencia de autores de elevado perfil, y la regularidad de la publicación –todos estos problemas a su vez exacerbados por una baja visibilidad. Servicios tales como ExtraMED, ExtraSCI y AgROM Extra (ver más adelante) están tratando de contrarrestar este tema, que fue abordado en una conferencia en Nanking en Noviembre de 1999 (70).

Si su sistema (o el de su socio) tienen tal capacidad, usted podría ofrecer acceso libre por un período corto, o a una determinada cantidad de material, para atraer a nuevos suscriptores. Efectivamente, muchos editores han dejado sus revistas electrónicas completamente libres durante el primer año o más. Esto puede ser una buena manera de atraer el interés, y de obtener retroalimentación, a pesar de que debiera estar conciente sobre la posibilidad de que los clientes se puedan resentir al cobrárseles por algo que hasta ahora había sido gratis. Si usted intenta introducir cobros en una fecha posterior, será mejor informar de esto desde un comienzo a sus clientes.

Una vez que una revista queda disponible en línea, el proceso de reunir la retroalimentación de los lectores y autores puede ser mucho más fácil que para un título impreso, puesto que Internet permite que las comunicaciones bidireccionales sean más fáciles. Formularios de retroalimentación en línea, vínculos directos a direcciones de correos electrónicos y foros de discusión permiten un intercambio más efectivo de la información.

VENTAS

Las revistas impresas necesitan poco o nada en relación con vendedores. Las bibliotecas deciden qué revistas desean, y luego eligen su medio para adquirirlas. Sin embargo, licencias para el sitio de revistas electrónicas (ver sección Licencia de Sitio) requieren una discusión y negociación detallada con cada cliente; esto toma tiempo, y si decide hacerlo por usted mismo es probable que requiera un equipo extra con las habilidades apropiadas. La alternativa es tener alguien más, tal como un agente de suscripción, que lo haga por usted –pero debe estar seguro de que está deseando que alguien más negocie precios en su representación. Tenga en consideración que el precio para una sola biblioteca puede representar suscripciones para varias revistas; es más probable que las bibliotecas se unan para formar un consorcio.

La venta a consorcios de bibliotecas (y a otros grandes clientes) resulta especialmente difícil y lenta –como se mencionaba más arriba– y la editorial que tenga un número reducido de revistas fácilmente podría ser eliminada.

Sin embargo, se están desarrollando iniciativas para ayudar a que editoriales pequeñas trabajen en conjunto para que vendan una sola colección grande de revistas. Podría resultar beneficioso intentar trabajar con otras editoriales de su propio país o región para superar estos poblemas.

ADMINISTRACIÓN DE SUSCRIPCIONES/SERVICIO AL CLIENTE

Si decide restringir el acceso de alguna manera (por ejemplo suscriptores que pagan o se inscriben, suscriptores para la versión impresa o miembros de una sociedad o asociación) entonces necesitará administrar el proceso, proporcionando palabras claves u otros controles de acceso a nuevos usuarios, inhabilitando a aquellos que hayan finalizado, y asegurándose que su sistema pueda identificar a los usuarios autorizados cuando ellos traten de acceder al sistema. Todo esto implicará una administración más complicada que para una revista impresa y requerirá de una considerable experiencia técnica.

En algunos países, la situación de impuestos será más complicada si está vendiendo revistas electrónicas; pueden atraer impuestos donde las revistas impresas no lo hacen. Necesitará el consejo de un experto local al respecto.

Los clientes no requieren ayuda para el uso de revistas impresas; sin embargo la situación es diferente con revistas electrónicas. Algunos clientes olvidarán sus palabras claves y usted tendrá que volver a emitirlas. Otros no podrán acceder aun cuando aparentemente usen la palabra clave correcta. Si tiene una revista gratuita, encontrará que algunos de sus clientes tienen problemas técnicos de acceso o uso. Necesitará proporcionar alguna clase de ayuda para apoyar al cliente, ya sea a través del teléfono, correo electrónico o ambos; los clientes quedarán muy frustrados si no encuentran ayuda en el preciso momento en que la requieran, de manera que idealmente la ayuda deberá estar disponible durante las horas de trabajo, y mejor aún durante las veinticuatro horas del día.

Si decide utilizar un intermediario que le proporcione acceso a su revista electrónica, éste se preocupará de los problemas, aunque tendrá un costo.

¿CUÁNTO PODRÍA COSTAR?

Es imposible poner números precisos al costo de la publicación electrónica de una revista; sin embargo, es vitalmente importante calcular sus probables costos en completo detalle, y no subestimar el tiempo o el dinero que serán requeridos (73,74,75,76,77).

TIEMPO

Alguien deberá responsabilizarse de analizar todas las preguntas surgidas aquí, y tomar las decisiones necesarias. Esto no es un proceso único; su revista electrónica necesitará estar continuamente monitoreada y administrada más que una revista impresa. Existirán complicaciones adicionales para la editorial y los procesos de producción, y deberán ser aprendidas nuevas habilidades y procedimientos. La creación inicial de un sistema apropiado será extremadamente lento, y su mantenimiento y desarrollo requerirán de un compromiso continuo. Si lo hace por usted mismo, la administración de las suscripciones y soporte al cliente requerirán también de más trabajo.

DINERO

Si, como hemos visto, tomando la ruta "sólo electrónica" ahorrará gastos en papel, impresión, almacenaje y despacho, estos ahorros pueden ser fácilmente reemplazados por nuevos costos. Mientras que algunos han argumentado que sólo cuesta una fracción de los gastos de establecer y mantener una revista impresa, la experiencia de muchas editoriales tradicionales no concuerda con esto. El mayor costo individual será el desarrollo de un sistema apropiado para la revista, con o sin controles de acceso dependiendo de si desea o no cobrar por suscripciones. Como todos los desarrollos de sistemas computacionales, esto es muy difícil de presupuestar exactamente, y no sería seguro entregar directrices –muchas personas recomiendan agregar un 50% al número (y tiempo) calculado.

Decidir compartir con un proveedor existente hará posible obtener precios definitivos –es probable que estos sean honorarios fijos, más que basados completamente en un porcentaje de recambio, puesto que la mayoría de los editores han encontrado un bajo recambio en los primeros años de las publicaciones electrónicas. Tenga en consideración también que no es una inversión por única vez; la experiencia demuestra que tales sistemas requieren de un continuo desarrollo posterior, para lo cual se necesita presupuesto.

Podría necesitar autorizar costos adicionales para que el personal pueda cumplir con aquellos procesos que llegan a ser más complicados y más técnicos; personas con habilidades computacionales especiales son caras en cualquier parte.

Resulta imposible entregar directrices definitivas, dado que existen muchas variables –el número de artículos recibidos y publicados, el número de suscriptores, el número de otras revistas manejadas por el mismo sistema, por no mencionar variaciones locales en equipamiento, servicio y costos de trabajo. Sin embargo, como se mencionaba anteriormente, Tenopir y King (2000) entregan algunos promedios útiles para una típica revista académica. Establecen que los ahorros totales son del orden de un 4% para una revista con una circulación de quinientos ejemplares, y que los costos se incrementan alrededor de un 20% para publicaciones paralelas impresas y electrónicas.

¿CUÁLES SON LOS MODELOS ECONÓMICOS PARA RECUPERAR ALGUNOS O TODOS LOS GASTOS?

Pudiera ocurrir que su organización no deseara recuperar ninguno de los gastos, prefiriendo ver la publicación electrónica de artículos como un servicio a la comunidad. Sin embargo, muchos otros desearán recuperar al menos la inversión, y posiblemente proporcionar un ingreso adicional para financiar otras actividades. Existen diferentes modelos económicos corrientemente en uso. Varios de estos sólo serán aplicables si usted ofrece tanto las versiones electrónica como impresa de la revista. En todos estos casos, sus decisiones de precios necesitarán efectuarse en vista del patrón de uso que desea alcanzar.

VERSIÓN ELECTRÓNICA GRATUITA PARA TODOS

Esto por supuesto no le permitirá recuperar ninguno de sus gastos. Sin embargo, si tuviera el efecto de aumentar los lectores (que sólo ocurrirá si su marketing y promoción son efectivas), podría hacer entonces a la revista más atractiva para anunciantes y otros auspiciadores. De una manera general, las editoriales no han sido capaces de financiar revistas científicas especializadas sólo a través de publicidad. Como se mencionó anteriormente, muchas editoriales dejan las revistas electrónicas gratis por un período inicial con la finalidad de realizar promoción. No requerir controles de acceso reduce los costos del sistema de la revista.

COSTOS PARA EL AUTOR (O INSTITUCIÓN)

La idea de que las revistas sean gratis para los lectores, y que los autores asuman los costos (por ejemplo a través de los fondos de investigación) ha recibido bastante publicidad (78), y está comenzando a ser ensayada (79). Una nueva variante en este modelo es solicitar a las instituciones que proporcionen libre acceso a la producción de todos sus investigadores (30). Como se mencionó anteriormente en la sección "Alternativas para revistas formales" el *Open Society Institute* está activamente comprometido en apoyar el desarrollo de modelos económicos que hagan posible que las revistas, sin que reduzcan el valor que agregan, puedan tener un acceso libre. A pesar de que el acceso libre resulta obviamente interesante para las bibliotecas y los lectores, podría ser riesgoso para una revista nueva si es que hace a la revista menos atractiva para los autores. Asimismo necesitará calcular muy cuidadosamente (a) cuánto necesita cobrar para cubrir los costos y (b) cuánto podría cobrar razonablemente a los autores. Obviamente hará una gran diferencia si es que ellos pudieran usar parte de sus presupuestos de investigación para pagar los costos; de lo contrario, el dinero tendría que venir de sus propios bolsillos, entonces esta aproximación no sería realmente para comenzar. Una posibilidad es cobrar al autor para reducir, más que eliminar completamente, las suscripciones (3).

VERSIÓN ELECTRÓNICA GRATUITA PARA SUSCRIPTORES DE LA VERSIÓN IMPRESA

Usted podría hacer esto ya sea en forma permanente, o por un período inicial como una forma de promoción. Requerirá de un sistema de control de acceso, y necesitará asignar palabras claves u otra forma de identificación a cada suscriptor. Sea cuidadoso en no incrementar abruptamente el costo de la suscripción impresa, o los suscriptores sentirán –con justificación– que se les está solicitando que cubran los costos de la versión electrónica, quiéranlo o no, y esto podría llevar a perder los suscriptores de la versión impresa.

VERSIÓN ELECTRÓNICA VENDIDA A TODOS (PRECIO: IGUAL/MÁS/MENOS QUE IMPRESIÓN)

Puede decidir poner un precio de suscripción aparte para la revista electrónica. Si existiera una versión impresa paralela, resultaría apropiado considerar la relación de este precio con la suscripción impresa. ¿Debiera ser el mismo (ya que los suscriptores están comprando el mismo contenido)? ¿O más (puesto que están obteniendo beneficios y características adicionales)? ¿O menos (ya que sus costos son, o pueden ser, menores)? Usted podría ofrecer un descuento para las suscripciones combinadas impresión-más-electrónico.

VERSIÓN ELECTRÓNICA CON RECARGO EXTRA A SUSCRIPTORES DE LA VERSIÓN IMPRESA

Un número de editoriales están agregando un cargo adicional para incluir la suscripción electrónica; los suplementos varían en un rango enormemente amplio, entre un 10% a un 50% o más. Una alternativa es considerar que la suscripción de la versión impresa sea un "agregado", cobrando un valor reducido a aquellos que se suscriban a la versión electrónica (80).

SUSCRIPCIONES INDIVIDUALES

La mayoría de los ingresos por suscripciones a revistas impresas provienen generalmente de bibliotecas e instituciones, pero muchas editoriales también venden a un precio inferior a las personas individuales. Usted podría querer considerar ofrecer suscripciones individuales para sus revistas electrónicas, en uno o más de los modelos indicados anteriormente. En realidad es discutible que los beneficios reales de las revistas electrónicas (acceso desde el escritorio, características adicionales y servicios) sean más atractivos al lector individual que a la biblioteca. Sin embargo, también debería considerar que si ofrece suscripciones a bibliotecas, particularmente en base a licencias de sitio, las personas podrían ya tener un buen acceso a la revista electrónica desde su lugar de trabajo. Por otro lado, suscripciones individuales de bajo precio podrían ser el modo más práctico de permitir a los usuarios acceder a la revista cuando no se encuentren en sus lugares de trabajo. Si ofrece más de un tipo de suscripción electrónica, y si los privilegios o usos permitidos difieren, recuerde que su sistema necesitará ser capaz de distinguir entre las diferentes clases de suscriptores en el momento que acceden al sistema.

SUSCRIPCIONES PARA MIEMBROS

Las revistas electrónicas pueden presentar algún problema para aquellas sociedades y asociaciones que obtienen gran parte de sus ingresos de las suscripciones de sus socios. Si los miembros ven el acceso a su propia copia personal en la revista como uno de los principales beneficios de la membresía, y si ahora tienen acceso desde su escritorio en su lugar de trabajo, a través de la suscripción de la biblioteca, existirá entonces el riesgo de que se encuentren menos inclinados a continuar siendo miembros de la sociedad. Las editoriales de sociedades y asociaciones necesitarán pensar cuidadosamente esto, quizás ofreciendo beneficios electrónicos adicionales o servicios solamente a sus miembros.

VENTA DE ARTÍCULOS ÚNICOS

A menudo se discute que un lector determinado sólo estará interesado en algunos artículos, entonces sería mejor si pudiera comprar aquellos artículos separadamente. Mientras que el costo de administrar tal sistema podría ser prohibitivo en el ambiente impreso, es en principio más fácil electrónicamente, a pesar de que la editorial necesite de un sistema apropiado en la revista que pueda entregar artículos individuales y recolectar el pago, ya sea por factura o tarjeta de crédito. Uno de los problemas de este sistema es que el dinero para adquirir artículos de una revista está generalmente en las manos de la universidad u otra institución, y no en el lector individual. Las editoriales han temido que la venta de artículos únicos pudiera reducir la demanda de las suscripciones, pero en los estudios realizados hasta el momento esto no ha sido confirmado –y parece proporcionar una fuente adicional de ingresos (81). Sin embargo, aparte de cualquier posibilidad de que la editorial pueda recibir globalmente menos dinero, éste va a fluir en forma de muchas transacciones menores que son más costosas de manejar en el curso de un año, que en el pago adelantado en la forma de una suscripción.

LICENCIAS DE SITIO

Las universidades, compañías y otros suscriptores institucionales de revistas están siempre muy interesados en obtener un amplio acceso a los materiales electrónicos. El acceso, cuando solamente es posible desde uno o más terminales específicos de computadores en la biblioteca, es mucho menos atractivo. Por lo tanto resulta una buena idea trabajar políticas de licencias, y un sistema de acceso que permita esto. Definir el "sitio" puede ser bastante difícil, especialmente para una organización multi-sitio tal como una gran compañía (posiblemente internacional). Poner precios es un problema particular, puesto que las organizaciones varían grandemente en tamaño y en el número de usuarios potenciales o reales. Si usted tiene un precio basado simplemente en el precio de la suscripción impresa, las organizaciones grandes y pequeñas pagarán exactamente lo mismo, mientras que al mismo tiempo ninguna de ellas necesitará suscripciones múltiples –de manera que puede terminar perdiendo ingresos. Un método de precios basado en el número de usuarios sería más equitativo, a pesar de que sería también más complicado obtener el precio apropiado para cualquier cliente individual. Diferentes editoriales han considerado el financiamiento de la institución, el número total de académicos y estudiantes, o sólo el número de los departamentos más importantes. En la mayoría de los casos, las editoriales han encontrado que es más simple establecer un número relativamente bajo de "bandas de precio" basados en estas medidas.

LICENCIAS PARA CONSORCIOS

Está llegando a ser frecuente que instituciones, particularmente universidades, se agrupen con la finalidad de hacer un mejor uso de sus presupuestos limitados, y compartir la disponibilidad de los materiales a los cuales se suscriben. Esto puede ser una manera muy efectiva de introducir el contenido de su revista a una comunidad mucho más grande requiriendo de una sola negociación. Instituciones combinadas son negociadoras muy poderosas, y debe ser cuidadoso en realizar la decisión correcta de precio y no permitir un negocio a pérdida. Para una editorial que tenga un número reducido de revistas también resulta difícil la venta a grandes clientes y consorcios. El proceso no requiere de menos tiempo si se trata de una revista o de cientos, y requiere de las habilidades y conocimientos de un especialista. Con la finalidad de superar este problema, algunas organizaciones están intentando tener la representación de muchas editoriales pequeñas (82).

Como se mencionó anteriormente, la *Association of Learned and Professional Society Publishers* también está analizando la creación de un "paquete" único de revistas con muchos de sus miembros menores.

CONSIDERACIONES PARA OTORGAR LICENCIAS

Cuando usted vende una revista impresa, queda claro y bien entendido qué se permite hacer y qué no a sus clientes con el material. Sin embargo, esto es mucho menos obvio en el ambiente electrónico y es razonable redactar una declaración indicando qué pueden hacer los clientes y qué no, acerca de lo cual deberán estar de acuerdo. Esto puede ocurrir en dos niveles (o ambos). Al usuario individual se le puede presentar en la pantalla un resumen corto acerca de lo permitido y prohibido, y usted puede configurar su sistema para que ellos tengan que pinchar un botón marcado "Estoy de acuerdo" antes de poder avanzar. A la institución suscripta se le puede ofrecer una licencia impresa más detallada, que deberá firmar. El último enfoque permite una cierta cantidad de negociación si es que fuese necesario, a pesar de que obviamente desearía diseñar su licencia de manera que fuese aceptada por la mayoría de los clientes sin tener que involucrar a ellos y a usted en el tiempo y costo de una negociación individual.

Algunos de sus términos y condiciones de uso dependerán de si la versión electrónica es gratis o paga, pero otros serán aplicables en cualquier caso.

Indudablemente deseará permitir a los usuarios realizar búsquedas, recuperar e imprimir artículos de su revista; usted puede o no también permitirles que guarden artículos individuales electrónicamente en sus propios computadores. Debe pensar en la mejor política que permita a los usuarios reenviar artículos, particularmente de manera electrónica a otras personas fuera de la institución que se suscribe –un número de editoriales permite esto en pequeña escala, en una base personal. Es poco probable que usted quiera que los usuarios vendan artículos o los redistribuyan sistemáticamente en gran escala y que utilicen todo o parte del contenido en otro sitio web.

Dentro de las comunidades académicas y científicas, generalmente prevalece una cultura de confianza y honestidad.

Se ha realizado un trabajo muy útil para producir licencias "modelo", o licencias marco, que le ayudarán a crear una licencia apropiada para sus propias revistas. Todo se ha producido en discusión entre la editorial y los clientes y por lo tanto trate de atender las preocupaciones de ambos. Aunque es poco prudente usar alguna de estas licencias tal como están, sin considerar cuidadosamente las implicancias de las varias alternativas que presentan, éstas le permitirán ahorrar una gran cantidad de tiempo en lograr la redacción apropiada, y también le ayudarán a asegurarse que no deje nada fuera de la licencia. Existe asimismo una variedad de conjuntos de pautas entregadas por universidades y otros, que se debe mirar en una licencia (84). Uno de tales ejemplos fue ideado en el Reino Unido por un grupo de bibliotecarios y editoriales universitarias (64). El sitio *LibLicense* (85) también proporciona bastante información útil acerca de legislaciones y licencias, y le permite inscribirse en una interesante lista de discusión. También existen una variedad de directrices emanadas de las universidades y de otras instituciones respecto a qué esperar de una licencia (84). Si puede evitar escribir su propia licencia a partir de un borrador, hágalo; utilice todo el material a su disposición para incorporar redacción útil de otras partes.

Muchos de los documentos a los cuales se ha hecho referencia están disponibles gratuitamente justo para este propósito.

Algunas editoriales ya no requieren que sus clientes firmen la licencia –en cambio, tienen en el sitio de la revista una declaración clara acerca de qué es permitido y qué no lo es. Hasta ahora no se ha informado de ningún problema con este enfoque, y por supuesto le ahorra a cualquiera una gran cantidad de tiempo y dinero (86,87).

CONCLUSIONES

No se pretende que con todo esto usted quede fuera de la publicación de una revista electrónica; muy bien puede ser el mejor camino para alcanzar sus objetivos. Si después de evaluar todas las ventajas y desventajas, decide seguir adelante con la publicación electrónica, se espera entonces que esta breve introducción y la gran cantidad de información disponible en la bibliografía, le proporcionen la mejor oportunidad posible para que su revista sea un gran éxito.

NOTAS

1. Ver, por ejemplo, <http://www.espere.org> (2 de enero 2004).

2. Swan, Alma and Brown, Sheridan 2002 *Authors and Electronic Publishing* (ALPSP, Worthing). Resumen disponible en <http://www.alpsp.org/pub5.htm> (2 de enero 2004).

3. Baldwin, Christine and Pullinger, David (october 2000) "What readers value in academic journals" in *Learned Publishing* Vol. 13, N° 4, pp. 229-240. También disponible en <http://www.catchword.com/alpsp/09531513/v13n4/contp1-1.htm> (2 de enero 2004).

4. Tenopir, Carol and King, Donald W. 2000 *Towards Electronic Journals: realities for scientists, librarians and publishers* (Washington DC: Special Libraries Association).

5. King, Donald W. and Tenopir, Carol (october 1999) "Evolving journal costs: implications for publishers, libraries and readers" in *Learned Publishing* Vol. 12, N° 4, pp. 251-258. También disponible en <http://www.catchword.com/alpsp/09531513/v12n4/contp1-1.htm> (2 de enero 2004).

6. Halliday, Leah and Oppenheim, Charles 1999 *Economic Models of the Digital Library* (Loughborough: Loughborough University). <http://www.ukoln.ac.uk/services/elib/papers/ukoln/emod-diglib/final-report.pdf> (2 de enero 2004).

7. Halliday, Leah and Oppenheim, Charles (july 2000) *Economic Models of Digital-Only Journals* (Serials) Vol. 13, N° 2, pp. 59-66.

8. Shaw, Dennis and Moore, Howard (eds.) (february 1996) *Electronic Publishing in Science: proceedings of the joint* ICSU (Paris: Press/UNESCO expert conference ICSU). También disponible en <http://associnst.ox.ac.uk/~icsuinfo/confproc.htm> (2 de enero 2004).

9. Boyce, Peter. Various articles on the *Internet Society* <http://www.aas.org/~pboyce/epubs/INET99.html>,

e-publishing <http://cdsweb.u-strasbg.fr/misc/epub-talk/1.html> and in *Serials Review* <http://www.aas.org/~pboyce/epubs/sr-art.html> (2 de enero 2004).

10. Baron, Joel (april 1997) "Why we need information identifiers" in *Learned Publishing* Vol. 10, N° 2, pp. 132-134. También disponible en <http://www.catchword.com/alpsp/09531513/v10n2/contp1-1.htm> (2 de enero 2004).

11. Paskin, Norman (april 1997) "Information Identifiers" in *Learned Publishing* Vol. 10, N° 2, pp. 135-156 (incluye un glosario útil). También disponible en <http://www.catchword.com/alpsp/09531513/v10n2/contp1-1.htm> (2 de enero 2004).

12. Paskin, Norman (july 2000) "E-citations: actionable identifiers and scholarly referencing" in *Learned Publishing* Vol. 13, N° 3, pp.159-168. También disponible en <http://www.catchword.com/alpsp/09531513/v13n3/contp1-1.htm> (2 de enero 2004).

13. Ver también <http://www.doi.org> (2 de enero 2004).

14. Ver <http://www.crossref.org/> (2 de enero 2004).

15. Ver <http://www.leeds.ac.uk/cedars/documents/CIS05.htm> (1 de febrero 2004).

16. Russell, Kelly, Weinberger, Ellis and Stone, Andy (october 1999) "Preserving digital scholarship: the future is now" in *Learned Publishing* Vol. 12, N° 4, pp. 271-280. También disponible en <http://www.catchword.com/alpsp/09531513/v12n4/contp1-1.htm> (1 de febrero 2004).

17. Butler, Declan (21st january 1999) *Writing is on the web for science journals in print* (Nature) Vol. 397, N° 6716, pp. 195-200. También disponible para suscriptores o compra en <http://www.nature.com/nature> (2 de enero 2004).

18. Ver bibliografías JSTOR en <http://www.jstor.org/about/bibliography.html> (2 de enero 2004).

19. Morris, Sally 2000 "Archiving Electronic Publications: what are the problems and who should solve them?" in *Serials Review* Vol. 26, N° 3, pp. 65-68. También disponible en <http://www.alpsp.org/arcsm00.pdf> (2 de enero 2004).

20. Ver <http://lockss.stanford.edu/projectdescfaq.htm> (2 de enero 2004).

21. Ver <http://www.nla.gov.au/padi/> (2 de enero 2004).

22. Ver <http://www.erpanet.org> (2 de enero 2004).

23. Ver <http://minos.bl.uk/gabriel/fep> (No disponible, 2 de enero 2004).

24. Un resumen de trabajos importantes se puede encontrar en <http://www.alpsp.org/htp_arc.htm> (2 de enero 2004).

25. Ver <http://www.publiclibraryofscience.org> (2 de enero 2004).

26. Ver list at <http://www.freemedicaljournals.com> (2 de enero 2004).

27. Ver <http://xxx.lanl.gov> (2 de enero 2004).

28. Ver <http://www.pubmedcentral.nih.gov> (2 de enero 2004).

29. Ver <http://www.e-biosci.com> (no disponible 2 de enero 2004).

30. Ver <http://www.openarchives.org> (2 de enero 2004).

31. Harnad, Stevan 1990 "Scholarly Skywriting and the Prepublication Continuum of Scientific Inquiry" in *Psychological Science 1*, pp. 342-343. Reimpreso en Current Contents (11th november 1991) Vol. 45, pp. 9-13. <http://www.cogsci.soton.ac.uk/~harnad/Papers/Harnad/harnad90.skywriting.html> (2 de enero 2004).

32. Harnad, Stevan (june 1995) "Universal FTP Archives for Esoteric Science and Scholarship: A Subversive Proposal" in Okerson, Ann and O'Donnell, James (eds.) *Scholarly Journals at the Crossroads; A Subversive Proposal for Electronic Publishing* (Washington DC: Association of Research Libraries). <http://www.library.yale.edu/~okerson/subversive.html> o <http://cogsci.soton.ac.uk/~harnad/subvert.html> (2 de enero 2004).

33. Ver <http://www.biomedcentral.com> (2 de enero 2004).

34. Ver <http://www.soros.org/openaccess/> (2 de enero 2004).

35. Ver <http://www.alpsp.org/def.htm> (2 de enero 2004).

36. Por ejemplo, *Wiley's Early View* <http://www.interscience.wiley.com> (2-1-2004), *Springer's OnlineFirst* <http://www.link.springer-ny.com> (2-1-2004) and *American Chemical Society's Articles ASAP* <http://pubs.acs.org:80/journals/asap/index.html> (2 de enero 2004).

37. Ver <http://www.superjournal.ac.uk/sj/> (2 de enero 2004).

38. Ver <http://clinmed.netprints.org/home.dtl> (2 de enero 2004).

39. Harnad, Stevan 1992 "Interactive publication: extending the American Physical Society's discipline-specific model for electronic publishing" in *Serials Review.* Special Issue on Economic Models for Electronic Publishing, pp. 58-61. <http://cogsci.soton.ac.uk/harnad/Papers/Harnad/harnad92.interactivpub.html> (2 de enero 2004).

40. Ver <http://www.ida.liu.se/ext/etai> (2 de enero 2004).

41. Sanville, Tom 2001 "A Method out of the Madness: Ohio LINK's collaborative response to the serials crisis" in *Serials* Vol. 14, N° 2.

42. Ver <http://www.apnet.com/www/ideal/pressreleases/ustats.htm> (no disponible el 2 de enero 2004).

43. Ver <http://www.cdpage.com/yellowbooki.html> (2 de enero 2004).

44. Ver <http://www.ingenta.com> (2 de enero 2004).

45. Ver <http://highwire.stanford.edu> (2 de enero 2004).

46. Ver <http://www.bioone.org> (2 de enero 2004).

47. Ver <http://www.bioline.org.br> (2 de enero 2004).

48. Canhos, Vanderlei, Chan, Leslie and Kirsop, Barbara (january 2001) "Bioline publications: how its evolution has mirrored the growth of the Internet" in *Learned Publishing* Vol. 14, N° 1, pp. 41-48. También disponible en <http://www.catchword.com/alpsp/09531513/v4n1/contp1-1.htm> (2 de enero 2004).

49. Butler, Declan (7 january 1999) *Internet may help bridge the gap* (Nature) Vol. 397, N° 6714, pp. 10-11. También disponible para suscriptores y para compra en <http://www.nature.com/nature/> (2 de enero 2004).

50. Letter (21st january 1999) *Close the South to North gap* (Nature) Vol. 397, N° 6716, pp. 201. También disponible para suscriptores y para compra en <http://www.nature.com/nature/> (2 de enero 2004).

51. Ver <http://www.epublishingtrust.org> (2 de enero 2004).

52. Zielinksi, Christopher (10 june 1995) *New equities of information in an electronic age* (British Medical Journal) Vol. 310, N° 6996. También disponible gratis en <http://www.bmj.com/cgi/content/full/310/6993/1480> (2 de enero 2004).

53. Gibbs, W. W. (august 1995) "Lost Science in the Third World" in *Scientific American*, pp. 92-99. También disponible para suscriptores y para compra en <http://www.sciamarchive.com> (2 de enero 2004).

54. Ver <http://www.inasp.info/ajol/> (2 de enero 2004).

55. Ver <http://www.soros.org/osi.html> (2 de enero 2004).

56. <http://www.library.yale.edu/~llicense/develop.shtml> (2 de enero 2004).

57. <http://www.alpsp.org/htp_dev.htm> (2 de enero 2004).

58. Watkinson, Anthony 1999 *Guidelines for Scientific Publishing* (Paris: ICSU Press). <http://associnst.ox.ac.uk/~icsuinfo/guidelines.pdf> (2 de enero 2004).; también disponible en forma impresa en Secretaría de ICSU, 51 Boulevard de Montmorency, 75016, Paris, France (se cobran los gastos por concepto de envío postal).

59. Brown, Diane, Stott, Elaine and Watkinson, Anthony 2002 *Guidelines for good practice in publishing journals* (Worthing: Serial Publications, Association of Learned and Professional Society Publishers) 2nd edition.

60. Page, Gillian, Campbell, Robert and Meadows, Jack 1997 *Journal Publishing* (Cambridge: Cambridge University Press) 2nd edition.

61. Ver <http://www.arl.org/sparc/GI> (2 de enero 2004).

62. Learned Publishing (january 1999) *Publishing and the Internet V - Developing an integrated approach to electronic publishing* (London), Vol. 12, N° 1, pp. 51-55. Report of ALPSP seminar, 26 november 1998. También disponible en <http://www.catchword.com/alpsp/09531513/v12n1/contp1-1.html> (no disponible 2 de enero 2004).

63. Fletcher, Lloyd Alan (april 1999) "Developing an integrated approach to electronic publishing: tailoring your content for the Web" en *Learned Publishing* Vol. 12, N° 2, pp. 107-118. También disponible en <http://www.catchword.com/alpsp/09531513/v12n2/contp1-1.html> (no disponible 2 de enero 2004).

64. Ver <http://www.alpsp.org/grantli.pdf> (2 de enero 2004).

65. Ver <http://www.adobe.com> (2 de enero 2004).

66. Los siguientes sitios registrarán gratis su url en los principales motores de búsqueda: <http://www.bcentral.com/products/free.asp (2-1-2004)and http://www.selfpromotion.com/> (2 de enero 2004).

67. Institute for Scientific Information, 3501 Market Street, Philadelphia, PA 19104, USA <http://www.isinet.com/isi/products> (2 de enero 2004).

68. Ver <http://www.isinet.com/isi/> (2 de enero 2004).

69. Ulrich's International Periodicals Directory, R.R. Bowker, New Providence (2000). Ver <http://www.ulrichsweb.com> (2 de enero 2004) para detalles.

70. Lin Yue and Zheng Xhiaonan (eds.) 1999 "Proceedings of International Symposium on Chinese Scientific Journals" being included in *Major International Indexing Databases* (China Pharmaceutical University, Nanjing, People's Republic of China).

71. Fishwick, Francis, Edwards, Louise and Blagden, John *Economic implications of different models of publishing scholarly electronic journals for professional societies and other small or specialist publishers* (E-Lib) <http://www.ukoln.ac.uk/services/elib/papers/tavistock/scholarly-journals/cranelib.html> (2 de enero 2004).

72. Fishwick, Francis, Edwards, Louise and Blagden, John *Economic implications of different models of publishing scholarly electronic journals for professional societies and other small or specialist publishers* (E-Lib) <http://www.ukoln.ac.uk/services/elib/papers/tavistock/scholarly-journals/cranelib.html> (2 de enero 2004).

73. Shaw, Dennis and Elliott, Roger (eds.) 1998 "Proceedings of ICSU Press Workshop" on *Economics, Real Costs and Benefits of Electronic Publishing in Science* (31 march to 2 april 1998 Keble College, University of Oxford UK) (Paris: ICSU Press). <http://associnst.ox.ac.uk/~icsuinfo/#Proceedings%20of%20ISCU%20Press%20Oxford%20Workshop> (2 de enero 2004).

74. Boyce, Peter B. and Dalterio, Heather (january 1996) "Electronic publishing of scientific journals" in *Physics Today* pp. 42. <http://www.aas.org/~pboyce/epubs/pt-art.htm> (2 de enero 2004).

75. King, Donald W. and Tenopir, Carol (april 1997) "Trends in Scientific Scholarly Journal Publishing in the United States" in *Journal of Scholarly Publishing*, Vol. 28, N° 3, pp. 135-170.

76. Tenopir, Carol and and King, Donald W. (december 1998) "Designing electronic journals with 30 years of lessons from print" in *The Journal of Electronic Publishing*, Vol. 4, N° 2. <http://www.press.umich.edu/jep/04-02/king.html> (2 de enero 2004).

77. Holmes, Aldyth 1997 "Electronic publishing in science: reality check" in *Canadian Journal of Communication*, Vol. 22, N° 3-4, pp. 105-116.

78. Harnad, Stevan (october 1998) "Learned Inquiry and the Net- the role of peer review, peer commentary and copyright" in *Learned Publishing* Vol. 11, N° 4, pp. 283-292. También disponible en <http://www.catchword.com/alpsp/09531513/v11n4/contp1-1.htm> (2 de enero 2004).

79. Haynes, John (october 1999) "New Journal of Physics: a web-based and author-funded journal" in *Learned Publishing* Vol. 12, N° 4, pp. 265-270. También disponible en<http://www.catchword.com/alpsp/09531513/v12n4/contp1-1.htm> (2 de enero 2004).

80. Ver <http://www.idealibrary.com> (no disponible el 2 de enero 2004).

81. Ingenta Institute (2001) *Assumptions versus Reality: user behaviour in sourcing scholarly information* (Ingenta, Bath).

82. Por ejemplo ver <http://www.pcgplus.com/consortia_link/c_link.html> (2 de enero 2004).

83. Lista de iniciativas puede verse en <http://www.alpsp.org/licensing> (2 de enero 2004).

84. Ver <http://www.ukoln.ac.uk/services/elib/papers/pa/licence/Pajisc21.html> (2 de enero 2004).

85. Ver <http://www.library.yale.edu/~llicense> (2 de enero 2004).

86. Ver <http://www.alpsp.org/but210501.ppt> (2 de enero 2004).

87. Ver <http://highwire.stanford.edu> (2 de enero 2004).

Bibliotecas digitales y aulas virtuales

Lourdes Feria B. <lferia@ucol.mx>
Universidad de Colima, México
Coordinación de Tecnologías de Información

Primera llamada: la tecnología

"Queremos contribuir a un cambio para una educación que no se reduzca a las clásicas dicotomías teoría-práctica, enseñanza-aprendizaje, etc., que vaya más allá de las instituciones y alcance a las personas, incorporando a la familia y a la comunidad; que sea verdaderamente integral; que crea en los educandos y en los maestros, haciéndolos verdaderos creadores de experiencias de aprendizaje"

L. Llórens Báez, *Herramientas para aprender y desaprender.*

En el desarrollo tecnológico, se identifican cuatro etapas: la época de los años cuarenta-cincuenta, cuando no se tenía mucha información; la década de los sesenta en que ya se tenían noticias acerca de las primeras aplicaciones; la de los setenta en adelante, cuando se diversificaron sus aplicaciones; y la actual, en que se incrementan sus alcances físico-geográficos debido fundamentalmente a la aparición de las computadoras personales, primero, y las redes un poco más tarde[1]. Con todo, quizás a muchos nos tomó por sorpresa este desarrollo vertiginoso, de un momento a otro comenzamos a escuchar términos como *redes inalámbricas, fibra óptica, servidores, enlaces, protocolos de comunicación*; sin embargo las tecnologías están presentes y en el ámbito educativo han de desempeñar múltiples roles: como herramientas para la capacitación, como agentes efectivos de transacción para mejorar la enseñanza y el aprendizaje y como administradoras de envío de información con el resultado de que los países verán el mejoramiento en el desarrollo social[2].

¿Qué se espera de las aplicaciones telemáticas en la educación, particularmente en las universidades?: un mayor acceso a la información (tanto local como mundial) de manera integrada, a través de estaciones de trabajo personal que a su vez permiten una mayor productividad, alta eficiencia al poder compartir recursos, acceso de alta velocidad a la información académica e institucional, lo que trae consigo una necesidad creciente de desarrollar cada vez más las capacidades de encontrar y filtrar información.

Para ello habrá de contemplarse el soporte para el acceso y uso de la infraestructura telemática y de la información que transmite. Las redes han de tener como características: capacidad, conectividad, responsabilidad e interoperabilidad y funcionar eficientemente para la transmisión de multimedia e instrucción por computadora a los salones del campus y otras aulas, apoyar los requerimientos de computación tanto para la investigación y la ciencia como para el trabajo administrativo de la universidad. Sin olvidar la parte referente a creación y distribución de información digital, herramientas para análisis y manejo de información, así como la colaboración y liderazgo en cuanto a la aplicación de las políticas de tecnología e información.

SEGUNDA LLAMADA: FACTORES ESTRATÉGICOS

"Desde la invención del conjunto de protocolos IP por Vinton Cerf en 1974, 15 años han bastado para crear las bases de una inteligencia colectiva. Sin embargo el esfuerzo del sector universitario se ha dirigido sobre todo a la investigación y al diseño de prototipos de nuevas herramientas, dejando de lado su socialización. Las utilizaciones han sido poco estudiadas. La esfera de la educación y de la formación, una de las actividades esenciales de las sociedades modernas, es la que menos se ha beneficiado del aporte de las nuevas tecnologías de la información y la comunicación"[3].

La telemática propicia la interconexión, favorece la conectividad, ayuda a mejorar la manera de hacer las cosas, permite una integración de tipo horizontal (participativa), propicia la diversidad tecnológica y representa la promesa de contar con una población más capacitada que logre altos niveles de creación y uso de información, pero las tecnologías de la información son solamente un instrumento, cuyo impacto en las comunidades, su "socialización" como la llama Oilo está condicionada a la intervención de diversos elementos, entre ellos:

- Profesores
- Nuevos esquemas de edición multimedia
- Habilidades en el uso de la información (*information literacy*)

PROFESORES

La AUPELF señala como uno de los retos actuales la utilización de las diferentes tecnologías en las proporciones y usos apropiados. En este punto los profesores tienen la gran responsabilidad de transformar sus programas de enseñanza tradicional a esquemas adecuados para la universidad informatizada, enmarcados en todo un plan de aprendizaje que considere:

- La reducción del tiempo de permanencia en el salón y aumento considerable de la acción personal o grupal de trabajos complementarios
- El complementar el programa de enseñanza de cada cátedra con las acciones de ejercicios, práctica, soluciones de casos, referencias y estudios bibliográficos mínimos, lecturas analíticas y específicamente, confrontaciones de la teoría del salón a casos y problemas reales.

Para ello resulta indispensable una infraestructura tecnológica donde los profesores asuman un papel de líderes de proyectos y diseñadores de experiencias de un aprendizaje más personalizado donde se tenga presente que cada estudiante tiene una historia, que adquirió habilidades y ha construido conocimientos que no es posible olvidar, sino por el contrario estos deberán ser la base para la construcción de otros. Ello abriría la posibilidad de realizar evaluación continua basada en el individuo como tal y no con el sentido grupal. Los materiales de aprendizaje deberían basarse en los requerimientos del alumno y en diferentes formatos para con ello propiciar el uso y apropiación de una cultura tecnológica.

El significado de la palabra alumno también conlleva un cambio de significado. El sistema educativo debe pensar en los grupos marginales que como seres humanos tienen el mismo derecho a la educación y en el formato actual es imposible llegar a ellos, tal es el caso de las personas discapacitadas, los trabajadores con deseos de actualización, las amas de casa y un segmento totalmente olvidado, el de los mayores. Ellos también pueden ser beneficiarios de estas nuevas tecnologías, ya sea integrándolos a las aulas o en los casos más extremos llevándoles la educación hasta donde la requieran y de alguna manera, también integrándolos al resto del mundo.

NUEVOS ESQUEMAS DE EDICIÓN MULTIMEDIA

Pareciera deslumbrante el mundo de la red y en ese espejismo se corre el riesgo de mirar alrededor para tener una visión más global que permita observar también las desigualdades, entre ellas las lagunas "mentales" en el océano de información como les llama Aníbal Ford que se traducen en *hegemonías referenciales*, es decir en los contenidos que hoy en día aparecen tanto en los productos electrónicos/digitales como en la red. Seguramente quienes son cibernautas declarados se habrán percatado de que "los nuevos sistemas globales de información... privilegian la información sobre ciertas culturas"[4] (las de países económicamente desarrollados), al tiempo que simplifican a otras. Como ejemplo el mismo autor propone revisar la enciclopedia *Encarta* de Microsoft, particularmente las biografías que presenta, las cuales son extremadamente dispares en calidad y cantidad para el caso de los biografiados latinoamericanos que para los del primer mundo.

En nuestros países se han producido discos, claro está, pero "no se trata sólo de escanear la información sobre cada uno de los países sino de reconstruir y administrar la información existente"[5]. Es preocupante constatar la pobreza y arbitrariedad de la información sobre los países del Tercer Mundo; es urgente analizar y buscar alternativas para ello ya que es previsible que las publicaciones electrónicas se popularicen y sería reprobable resignarnos a ser importadores de contenidos, más bien, estaríamos obligados a trabajar en una política real de recuperación de la información histórica, económica, cultural, territorial y social de nuestros países.

En este aspecto, la educación experimenta a través de los medios modernos de edición una interesante transformación. Los sistemas multimedia y los mecanismos de interactividad están produciendo una gran cantidad de materiales didácticos que multiplican la capacidad de aprendizaje y que pueden consultarse a través del *CD-ROM* o de Internet. Sin duda estos materiales sustituirán los tradicionales libros de texto. Estamos viviendo una revolución que "se propone impactarnos tan profundamente como sucedió cuando se evolucionó de los documentos manuscritos a los tipos móviles"[6]. En esta labor pedagogos, diseñadores, informáticos y una multiplicidad de profesionales habrán de trabajar en la generación de productos en apoyo a la enseñanza en todos los niveles.

En el caso particular de las universidades, merece especial atención el hecho de que siendo una de las funciones sustantivas la difusión cultural, su responsabilidad en este sentido va más allá de la creación de productos electrónicos; su participación en la generación de contenidos de calidad es particularmente importante, dado el surgimiento de formas inadmisibles de expresión en la red, como la pornografía y la violencia.

HABILIDADES EN EL USO DE LA INFORMACIÓN (*INFORMATION LITERACY*)

La formación de habilidades informativas no constituyen un tema nuevo: "paradójicamente, y pese a que la gran mayoría de universidades del país contempla algún tipo de actividad para ayudar al usuario en la recuperación de la información, son escasas aquellas instituciones que han definido un programa formal con la concepción que en estas líneas se ha dado a la formación [en este sentido]"[7].

"Las habilidades de uso de información son similares a las de la lectura y escritura"[8], es decir, se requiere de programas estructurados conforme a objetivos bien definidos y que puedan ser evaluados y llevados a la práctica. La verdadera posibilidad de abrir un mayor acceso a la educación sin poner en riesgo su calidad se iniciará con este proceso de la universidad virtual, entrando de manera consecuente en una nueva era cultural, donde sea posible pasar de la información al conocimiento, es decir, "información que a través de la reflexión, a través del pensamiento, pase a formar parte de aquello que nosotros tenemos como elementos de nuestra propia contribución intelectual"[9].

En México –por ejemplo– todavía existe un Instituto Nacional para la Educación de los Adultos (INEA) cuyo objetivo principal es la alfabetización, sin embargo de un tiempo a la fecha se habla de analfabetos funcionales, aquellos que saben leer y escribir sólo lo necesario para su vida y ¿qué hay de los analfabetas funcionales, aquellos que no sepan manejar una computadora ahora que en buena parte de las fuentes laborales demandan el manejo de ciertos paquetes computacionales? En este sentido habría también que tomar conciencia de la importancia del programa de capacitación o actualización permanente que en el área tecnológica deberán mantener las escuelas para sus propios recursos humanos y especialmente los profesores, puesto que ahora el problema pareciera ser que los alumnos conocen y manejan más la computadora que sus docentes. Eso sin mencionar que igualmente podría utilizarse la analogía de analfabetos funcionales para muchos de los que están detrás de una computadora.

TERCERA LLAMADA: AULA Y BIBLIOTECAS VIRTUALES EN COLIMA

BIBLIOTECAS VIRTUALES

La Universidad de Colima constituye un caso concreto de aplicación de estas tecnologías para la academia cuya historia y desarrollo ha sido responsabilidad de la *Coordinación de Servicios y Tecnologías de Información*[10], en cuyo ámbito se trabaja con los programas de bibliotecas electrónicas y digitales, generación de *CD-ROM*, multimedia educativa y telecomunicaciones, y está constituida por cuatro pilares: Dirección General de Servicios Bibliotecarios, Centro Nacional Editor de Discos Compactos (CENEDIC), Centro de Producción de Medios Didácticos (CEPROMED) y Dirección General de Servicios Telemáticos.

Su actividad se remonta a 1983 y tiene su origen en el programa de desarrollo bibliotecario, que fue el motor de todo un crecimiento tecnológico en la institución. En este documento se abordan únicamente dos de las aplicaciones que han tenido mayor impacto en la comunidad estudiantil y docente: las bibliotecas digitales y las aulas virtuales. Cuando el proyecto se inició sólo había una biblioteca central que tenía muy pocos volúmenes, la mayoría de nivel bachillerato y secundaria, casi todos ellos desactualizados, de modo que había que empezar por mejorar las colecciones. Se contaba con un presupuesto mínimo y la cantidad de libros que se podían adquirir con ese monto era mínima. Además todo estaba por hacer en materia de procesamiento y sistematización de información, había que hacer catalogación, clasificación y no sólo eso, también fichas catalográficas y, por lo tanto, reproducir esas fichas, asignarles temas, armar catálogos y alfabetizar. El grupo inicial estaba formado por seis o siete personas, ninguno de ellos con formación en el ámbito bibliotecario, entonces hubo que comenzar también contemplando los programas de capacitación de personal.

Con la ayuda de un programador del entonces Centro de Cómputo de la Universidad se confeccionó un *software* que auxiliara en las labores operativas y técnicas de las bibliotecas, la primera versión era muy sencilla, pero se fue perfeccionando de manera permanente, de tal forma que actualmente es un programa integral para administración bibliotecaria (*SIABUC*), se aplica en cientos de bibliotecas de América Latina e incluye funciones que en sus inicios no se hubieran podido ni siquiera soñar, pero había que comenzar con algo, eso sin contar que se hizo en una computadora prestada.

Un poco más tarde se obtuvo el recurso para comprar una primera microcomputadora, que por cierto resultó defectuosa por lo que fue necesario iniciar un proceso legal para recuperar la inversión, se vivieron otras situaciones difíciles e incluso en una ocasión en la que las finanzas no eran de lo mejor, de buena gana se hizo una aportación voluntaria para pagarle al programador de *SIABUC*, todo con la idea de no cruzar los brazos, de no llegar al punto de frenar la evolución del proyecto.

La experiencia de *SIABUC* permitió entrar a tiempo al desarrollo tecnológico y perder el miedo a las computadoras en muy buen momento. Vino después el desarrollo de bases de datos, surgido a raíz de la necesidad de contar con este tipo de herramientas en un momento en que los programadores profesionales eran escasos; así una noche con el manual por un lado y la computadora por otro y con todas las ganas del mundo el grupo trabajó en el intento de formar una base de datos; gracias al empeño a las seis de la mañana ya se la tenía terminada y funcionando en un *software* llamado *Microisis*.

Por otro lado las bibliotecas se hicieron también con cincel y martillo, en sus inicios se aprovechaban como espacios algunos salones de clase improvisados. Ahora todas ellas ya están muy modernizadas, con edificios expresamente diseñados, con salida directa a Internet, e incluso en 1995 se inauguró la Biblioteca de Ciencias, cual fuera la primera biblioteca electrónica en Latinoamérica, desde luego con un importante acervo en papel, en libros, pero con la opción de tener acceso a toda la información posible en medios electrónicos, a través de la red, de discos compactos con posibilidades de que los usuarios puedan contar con terminales de computadoras para cada uno de ellos en los cubículos dentro del edificio.

Las bibliotecas, sean éstas automatizadas o no, son instituciones de servicio, pero ¿cómo la naturaleza de la información electrónica ha ido transformando el tipo de los servicios que se ofrecen? Las redes de telecomunicaciones y los medios electrónicos en las bibliotecas permiten no solamente contar con catálogos automatizados sino que hacen posible la *interconectividad* y con ello mejoran los servicios existentes y proporcionan otros nuevos. Por otra parte, su misión es ahora más que nunca la de ser un organismo comunicador. Su labor estará definida en función de su capacidad para comunicar información y para establecer relaciones entre todas las fuentes disponibles aprovechando los nuevos medios y que permitan no solamente ofrecer servicios en el recinto que les alberga, sino llevarlos –además– a cada usuario en su casa u oficina.

Por esta razón y con la finalidad de apoyar los programas universitarios mediante acervos bibliográficos y digitales, funciona ya el proyecto Biblioteca Siglo XXI, que busca la conjunción de la infraestructura de bibliotecas, telecomunicaciones, informática, producción de multimedia educativa y textos digitales para integrar un paquete de servicios de información que permita ofrecer a estudiantes y catedráticos el contexto propicio para sus programas de enseñanza-aprendizaje, tutorías, elaboración de tareas, proyectos académicos, y para impulsar el mayor desarrollo de sus hábitos de estudio.

Las aplicaciones se están integrando en una Intranet universitaria que ofrece los servicios de información y está accesible desde cualquier computadora del campus. Ha sido desarrollada en sus aspectos técnicos por la Dirección General de Servicios Telemáticos y el Cenedic, en sus aplicaciones de software para la docencia por el

Centro Universitario de Producción de Medios Didácticos y en la actualización de los contenidos y servicios por la Dirección General de Desarrollo Bibliotecario. Para ello se preparó el marco metodológico y el patrón para la creación de una Biblioteca Digital, basada en el software *SIABUC* (a cargo también del área bibliotecaria de la Universidad) que incluye: los estándares apropiados, los formatos electrónicos, las interfases para la captura de datos, el sistema de almacenamiento y recuperación y las interfases para el usuario.

Las fuentes de información disponibles desde cualquier punto de la red universitaria son:

- **Bases de datos referenciales:**

 - Base de datos catalográfica de revistas
 - Base de datos catalográfica de libros
 - Base de datos catalográfica de los acervos de videos
 - Servicio de actualización de contenidos (tablas de contenido de 7 mil publicaciones periódicas científicas)

- **Bases de datos con texto completo:**

 - Portal bibliotecario: servicio de actualización permanente de recursos en línea en conexión con bibliotecas nacionales e internacionales
 - Revistas científicas en formato electrónico
 - Tesis de posgrado en formato electrónico
 - Acervo de *CD-ROMs* y *software* educativo

- **Otros servicios:**

 - Acceso a Internet
 - Acceso a los módulos para los trámites de adquisición de libros, de registro de fichas catalográficas, digitalización de tablas de contenido, préstamo de libros para el personal acreditado de las siete bibliotecas universitarias
 - Estadísticas de uso de estos servicios

Todo ello se complementa con el *software* de autoaprendizaje denominado también *Biblioteca Siglo XXI* que contiene los módulos conociendo la biblioteca y trabajando en la biblioteca y que se imparte a profesores y estudiantes en un curso taller de quince horas junto con el *software Herramientas para aprender y desaprender*, cuyo objetivo es propiciar la reflexión sobre las actitudes tradicionales en el proceso de aprendizaje, para con base en ello surjan nuevas propuestas de aprehensión del conocimiento y circulen en una red nacional de académicos universitarios, mientras que con Biblioteca Siglo XXI se pretende que el usuario desarrolle las habilidades para un mejor empleo de los recursos de información, como la Internet, bases de datos, tesis universitarias, libros y revistas. El objetivo primordial de este *software* es utilizar todo el potencial de la tecnología aunado a los recursos en formato electrónico por medio de una base de datos única: la biblioteca.

Los comentarios de quienes han asistido a los cursos impartidos hasta el momento son realmente motivadores, se conserva un archivo con las evaluaciones de quienes han asistido en el cual es posible leer comentarios como estos: "tanto para los profesores como para los alumnos será de gran utilidad, facilitará a los estudiantes la búsqueda y variedad en los recursos educacionales que ellos están utilizando como parte de su formación académica en el nuevo modelo pedagógico de la facultad, será de gran ayuda para la creación de bases de datos (archivos) con información de páginas web y otras referencias por parte de los mismos docentes y estudiantes"; "a mi parecer ahora sí se está tomando la estrategia correcta para aprovechar de la mejor manera las herramientas mediante PC"; "al finalizar esta mañana de trabajo me sentí como la niña que miró un helado tan grande, que por supuesto quería devorar todo al mismo tiempo y no pudo, así que será muy útil tener el *software* en nuestras máquinas para practicar"

De la mano con las acciones señaladas, se desarrolla también el proyecto Biblioteca Digital Latinoamericana, como una iniciativa del Programa General de Información e Informática de la UNESCO y con la participación de expertos latinoamericanos. En su primera etapa se trabajó en la propuestas de una desarrollo de la metodología general para la creación de la biblioteca digital. En la segunda, se han comenzado a integrar colecciones de libros, publicaciones periódicas, obras de referencia, bases de datos, fotografías, pinturas, documentos oficiales, videos y música, que se tienen disponibles en formato digital, así como enlaces a un conjunto de recursos de información seleccionados, disponibles en Internet. Participan en la iniciativa las bibliotecas nacionales de los países de la región aportando a esta gran base de datos los documentos más representativos de su historia, cultura y literatura.

José Vasconcelos decía que había aprendido más en las bibliotecas que en las escuelas y dedicó buena parte de su vida a promover la creación y utilización de las mismas. Medio siglo más tarde cuando la perspectiva de la biblioteca digital como parte del proceso educativo puede ser una realidad, la participación del bibliotecario cobra una nueva dimensión ante la responsabilidad de concientizar a los universitarios del valor de la información, los sistemas que existen para buscarla y la manera de obtenerla.

AULAS VIRTUALES[11]

Con respecto a las aplicaciones para la docencia, pionera en este ámbito es la labor que ha desarrollado la Dra. Lourdes Galeana de la O, profesora de la Facultad de Medicina, quien en su afán por mejorar el aprendizaje de sus alumnos se involucró con sus alumnos y la tecnología para crear productos didácticos y más tarde para la creación de la primer aula virtual. Lo que fue alguna vez la mejor y única manera de enseñar y aprender (la escuela que crea y/o transmite conocimiento a sus estudiantes a través de la exposición y la realización de lecturas) afronta ahora la necesidad de satisfacer nuevas demandas de aprendizaje, así en un momento dado el salón de clases tradicional parece presentar severas limitaciones que requieren sistemas mejores de aprendizaje que propicien la apropiación de nuevos conocimientos. Necesitamos crear ya, se señala, una nueva infraestructura para el aprendizaje.

¿De dónde nace esta necesidad? De las propias aulas de clases. La Dra. Galeana al describir su experiencia explica: "la especialidad con la que yo cuento es Morfología, disciplina orientada a conocer toda la estructura del cuerpo humano desde qué es una célula hasta qué es el feto, por lo tanto, desde un punto de vista macroscópico-microscópico. Cuando llegamos aquí la inquietud de poder transmitir al alumno el ver el cuerpo humano como algo dinámico, como un proceso de cambio fue algo sumamente muy difícil; invertimos horas y horas tratando de estudiar en libros y más libros, en una información que cambia día a día, minuto tras minuto y lo que antes era cierto, ahora ya no lo era. Representaba pérdidas completas de tiempo en tratar de que el alumno entendiera algo que era sumamente difícil: la estructura del cuerpo humano. Nos encontrábamos con alumnos hastiados por tantas horas de clase en que llegábamos al fastidio de tratar de hacerles entender una celulita perdida y su dinámica diciéndoles 'que esto ya cambió', 'que un proceso se formó de esta manera'... tratándoles de recitar ¡algo que para ellos era sumamente incomprensible!"

> "De tanto quebrarnos la cabeza, surge la idea de empezar a hacer modelos de plástico. Así, llegábamos a las aulas de clase, con decenas de modelos de plastilina para que los alumnos pudieran entender el proceso de desarrollo embrionario, cómo se forma ese embrión, cómo hacerle ver con un modelo de plastilina el proceso que cambió en unas horas o en unos minutos, hacíamos circo, maroma y teatro por ese intento de querer transmitirles cómo se desarrollaba este embrión humano. Viene a mi mente uno de esos alumnos inteligentes que frecuentemente se encuentran en las aulas de clase y que nosotros los maestros, no tenemos a veces la capacidad de estimular para poder desarrollar sus aptitudes. Con él empezamos –en una computadora prestada, con memoria insuficiente y mínima capacidad, en la Biblioteca del área de Ciencias de la Salud– a dibujar un espermatozoide. Fue para nosotros maravilloso ver que el espermatozoide podía mover la cola, es más, incluso le poníamos la grabadora con el ritmo de *lambada* y el espermatozoide bailaba al ritmo de *lambada*. Con otros dos muchachos que tenían también una gran dedicación por querer aprender y entender las cosas encontramos un programa apropiado con el cual seguimos trabajando en la Biblioteca de Ciencias de la Salud y empezamos a dibujar el embrión con las ideas plasmadas de aquellos años, de tres años de estar trabajando en plastilina y puestos ahora en un software de computadora que nos permitía ver en un proceso dinámico, todo lo que era el desarrollo embrionario"[12].

¿Hasta dónde ha llegado el proyecto? En esta etapa se tiene ya una amplia producción de discos interactivos, de creación de paquetes didácticos animados, teniendo presente que no se trata de desplazar al maestro, se trata de crear allí donde el maestro y el alumno se enfrentan a una realidad en la que no se entiende un determinado proceso; es ahí, desde ese punto clave desde donde se enriquecen este tipo de proyectos, de tal forma que se van a crear aquellos paquetes que no nada más lleven a la información en forma fría, sino que nos permitan ver el proceso de manera dinámica; y que en lugar de desplazar al maestro, sean amigos del maestro. Si antes se decía que el maestro valía por lo que sabía, ahora no, ahora el maestro va a requerir aprender –además de lo que sabe– nuevas metodologías y el alumno va a aprender mucho más rápido.

Otro de los resultados derivados de esta experiencia es el Centro Interactivo de Aprendizaje Multimedia, ubicado en las instalaciones de la Facultad de Medicina donde las escuelas y las facultades del área de la Salud logran que el aprendizaje y la tecnología educativa encuentren una expresión de simbiosis que lleve el binomio maestro-alumno a nivel del mundo virtual de la información científica. Es, por así decirlo, el espacio físico donde se conjugan el avance tecnológico y el proceso enseñanza-aprendizaje, logrando nuevos ambientes educativos. El aula interactiva permite el desarrollo de clases, talleres, cursos de capacitación con una modalidad presencial, donde la exploración, construcción de esquemas, operación y reflexión son fuertemente apoyadas por las nuevas tecnologías.

De esta manera los alumnos al mismo tiempo que adquieren los conocimientos teóricos de un área determinada de la ciencia van adquiriendo capacidades y destrezas en el manejo de la tecnología para lograr sus propios aprendizajes. Pero también ofrece la modalidad no presencial para cursos de capacitación en el área de la salud, que serán colocados en la red, cuyo diseño está basado en el tipo de población a la que van destinados. En este servicio también se ofrece el apoyo vía correo electrónico y *chat* en apoyo constante a estudiantes escolarizados de las dependencias de salud y a los no escolarizados ampliando la cobertura de estas escuelas y facultades.

En el aula se propicia el ambiente para permitir la búsqueda de información científica, ya sea guiada por un maestro en el aula virtual o en forma personalizada en el aula taller, fomentando con esto la capacidad de autoaprendizaje, al utilizar en forma inteligente la computadora, manifestar cualquier duda en el momento preciso y –algo muy importante— es que se han previsto también procesos de evaluación que incluyen, entre otros, diversos tipos de cuestionarios en línea.

Este es un paso que ya se está dando en otras facultades al darse cuenta de que los módulos de cómputo ya no tienen un sentido de ser, surgieron para capacitar a los alumnos en las herramientas informáticas, pero han ido tomando diversas modalidades dado que los alumnos ya llegan a las carreras con esas herramientas. Ahora los módulos de cómputo tienden a transformarse en aulas.

El Centro Interactivo de Aprendizaje Multimedia (conocido por sus siglas como CIAM) nace por la inquietud de aplicar en el espacio educativo verdadero que es el salón de clase los productos educativos que se estaban generando. Se hicieron aproximadamente unos cuatro años pruebas piloto en las que los discos se aplicaban con distintas modalidades educativas en grupos de estudiantes de origen diverso: profesionales titulados, maestros rurales y hasta alumnos de primer ingreso en la Facultad de Medicina y de ahí surgen todas las perspectivas, características y obstáculos en lo que sería la aplicación de *software* en clases. Por un lado surgió la inquietud de elegir las herramientas adecuadas para trabajar con ello y por otro lado el desarrollo de una modalidad pedagógica para la aplicación de esto.

La propuesta organiza el centro en tres espacios: lo que es propiamente el aula virtual, un aula control y un aula taller. En el aula virtual se lleva a cabo la parte básica de clases. De un lado están las estaciones de trabajo (pentium a 200 mhz.) dentro de un espacio que permite –de acuerdo con las características físicas del salón– un fácil acceso e interacción. Se cuenta, además con la estación de trabajo del maestro, que no es una computadora diferente a las de los alumnos, pero que apoya la parte física de una red de vídeo, que mantiene interconectadas todas las máquinas además de tener una red de datos.

Para la impartición de clases, además del *master* y *boster* para red de video se cuenta con un pizarrón electrónico que funciona no con un proyector de datos que no tiene características propias muy particulares, sino que se trata de una pantalla que va a funcionar como si fuera el propio monitor de la computadora, es decir, seleccionando con el índice como si fuera el puntero del mouse para seleccionar las opciones ya que el pizarrón es sensible al tacto y de esa manera el maestro puede estar frente a él manipulando los elementos que requiera mostrar a los alumnos.

Lo importante del aula es el proceso de enseñanza-aprendizaje que tiene lugar en ella, pero no dándole peso a una didáctica convencional, sino a la posibilidad de aplicar nuevas modalidades educativas, del aprender a aprender y del constructivismo. La idea importante es que si bien la tecnología apoya mucho a este tipo de tendencias lo que no es válido es realizar toda una fuerte inversión económica para trabajar de una manera tradicional.

Este modelo no va tampoco acorde con la idea de que el alumno trabaje solo, sino que al mismo tiempo que se le da un peso profundo al aprendizaje del alumno el profesor no desaparece, sino que en este proceso tiene un mayor peso, una mayor carga sobre el aprendizaje pero la enseñanza queda hacia lo que es la capacidad cognitiva del alumno para aprender, respecto a sus habilidades de pensamiento. Hasta ahora los resultados obtenidos permiten observar que el rol del profesor cambia, convirtiéndose en asesor, tutor y guía para tener acceso a la información.

¿Cómo se trabaja en el aula virtual? Entre las funciones hay desarrollo de clases donde se favorece el trabajo grupal, talleres, cursos de capacitación presenciales y no presenciales, el desarrollo de prácticas selectivas para la modalidad ABP (aprendizaje basado en problemas); por otro lado otra de sus funciones importantes es fomentar la adquisición de destrezas en el manejo de la tecnología emergente, ya que por un lado los alumnos que entran a trabajar en el aula van a ir capacitándose en la obtención del conocimiento, pero también a la vez, sin llevar una clase de informática van aprendiendo el manejo de la herramienta, del *hardware* y del *software*. Es muy interesante ver cómo entran a la primera clase prácticamente desorientados, a la semana comienzan a trabajar en forma muy segura con su profesor y al final del semestre son expertos en el manejo del *software* e inclusive en ocasiones superan al tutor.

Ahora bien, en cuanto al monitoreo de clases ¿cómo el maestro desde su estación de trabajo organiza al grupo por medio de la red de vídeo? Cada alumno puede realizar independientemente sus tareas y trabajos, pero mediante este sistema de control el maestro puede ver lo que está realizando cada uno de los alumnos. La señal del maestro se envía a todos, se selecciona la imagen de uno de ellos o de un grupo solamente. El estudiante, por ejemplo, puede decirle a través de su micrófono –sin que los demás lo escuchen– que tiene alguna duda, que no puede trabajar en eso... el profesor selecciona su pantalla y lo va orientando entonces de una manera personalizada. Por lo tanto la función primordial es tener un impacto importante en el aprendizaje y crear en el alumno capacidades y destrezas que ayuden más adelante a adquirir el conocimiento para que logre esa capacidad de autocapacitarse.

El otro espacio con que se cuenta es el aula-taller, que es un laboratorio de cómputo normal al que acuden los alumnos y los maestros en forma separada. Aquí no es necesario que asista el profesor con el alumno, ya que en ella el objetivo es trabajar en labores extra a sus horas de clase. Aquí hay una computadora, además de las destinadas a alumnos y profesores, para el administrador y una impresora que todos pueden aprovechar.

El siguiente espacio es el aula-control, que es el cerebro de este centro, en él hay herramientas específicas para la administración de los sistemas y cuenta con personal capacitado en informática quien debe conocer profundamente la infraestructura de cómputo y redes que se tiene, así como administrar clases y orientar a los profesores, de manera que este espacio es el centro que va a manejar todo. En cualquier tipo de espacio educativo debe contemplarse un lugar así para llevar las aplicaciones, control y seguridad de este tipo de centros. Aquí se encuentra la administración de las otras dos áreas, con un servidor de archivos y web donde se encuentra la página del CIAM donde se van a incorporar las páginas que hagan los maestros y alumnos y que van a servir para las clases. Es muy importante mencionar que el administrador tiene su lugar en el aula control pero es uno de los elementos más importantes porque ninguna de esas tres áreas funciona por sí sola: tanto la parte pedagógica como la parte física, requieren soporte en cuanto a su administración y mantenimiento; él también se hace cargo de la elaboración de páginas junto con los maestros y estudiantes y su colocación en el servidor para que estén disponibles

Las redes de datos del aula-taller y aula-virtual van a concentrarse para su salida a Internet, su conexión al servidor de archivos y de web y al servidor de discos compactos que es una de las herramientas más importantes, en él se encuentra una recopilación de aproximadamente sesenta y cuatro títulos en inglés y español, material multimedia en apoyo a las clases, tiene capacidad para veintiocho discos y pueden ser consultados desde las dos áreas. Funciona de manera individual e independiente para cada una de las aulas para aprovechar al máximo la información. También hay un escáner y servicio de impresión para los alumnos.

Cabe señalar que no cualquier persona puede tener acceso al CIAM, hay un reglamento, asimismo se requiere que el maestro que se encarga del monitoreo de clases previamente reciba una capacitación para que conozca las herramientas a su disposición y pueda aprovecharlas al máximo, no se trata sólo de entrar al aula y usar un disco, sino de realizar sus clases de manera realmente interactiva y para ello es fundamental tener conocimiento del equipo que se está usando, de las posibilidades que tiene la red de vídeo para dirigir las clases de manera que se propicie la retroalimentación de ideas y opiniones con los alumnos.

Todo lo anterior tiene que ver con el funcionamiento y organización del CIAM, pero es fundamental hacer algunos comentarios sobre la metodología de trabajo. Primero, en este esquema un alumno formado a la manera tradicional se enfrenta ante estímulos de aprendizaje irreconocibles para él, ya sea porque nunca ha tenido contacto con este conocimiento o porque antes ha tenido estímulos que en cierta manera le han impedido hacer suyo ese conocimiento, lo cual le provoca una confusión, como consecuencia se da una pérdida de atención y por lo tanto la asimilación de información no se genera de una manera adecuada. El educando, al no poder demostrar lo que ha aprendido, experimenta emociones adversas no adecuadas para que él pueda lograr el aprendizaje significativo; se produce entonces la frustración y empiezan los mecanismos de aprendizaje de defensa del tipo "memorizo para poder responder bien", "me concentro demasiado y no logro resultados adecuados", o bien "empiezo a depender de las demás personas y me dedico a copiar" que es un círculo vicioso que normalmente se presenta.

De lo que se trata entonces con esta nueva propuesta es de estimularlo con la tecnología, con la multimedia en todos los sentidos, para ver a través de cuál de esos sentidos puede él captar mejor y hacer suyo ese conocimiento. Por otro lado se le está dando la libertad para que él solo lo pueda ir logrando de acuerdo a sus capacidades pero sin dejar de lado la supervisión del profesor, que deberá ir guiándolo y monitoreando de una manera personalizada a través del control de clases y monitoreo que antes se explicó. Por otro lado, también puede hacer trabajo grupal, y aquello que el alumno encuentra en Internet o en un disco que considera importante para solucionar el problema de clase lo aporta, de manera que él va a tener estímulos gratificantes porque se va haciendo co-creador de la información, logrando aprendizajes significativos.

Ahora bien, el modelo de aplicación que se toma como base está fundamentado en tres fases: en la primera, previamente el maestro tuvo que haberse capacitado para conocer la herramienta de trabajo y las potencialidades del CIAM, al mismo tierno tiene que seleccionar los objetivos de trabajo, identificar las aptitudes y destrezas que se van a adquirir en esos momentos y construir las agendas de trabajo. Se manejan tres agendas: de contenidos, de aptitudes y de perfil. La primera es una responsabilidad del profesor y ahí va a colocar lo que quiere que su alumno aprenda, por lo tanto para construirla tiene que haber desarrollado previamente su programa de trabajo, consultado los discos que hay en el CIAM, consultado en Internet las ligas que él considera adecuadas para resolver estos problemas y esto se lo entrega al administrador, quien lo colocará en la página de la materia o del problema que se vaya a resolver para que el alumno entre de manera directa.

En la agenda de aptitudes se basa en la propuesta de aprender a aprender, y las posibilidades que ofrece son desde hacer resúmenes y esquemas hasta herramientas propias del manejo de tecnologías: si sé bajar información, si sé capturar imágenes, si sé elaborar páginas, si puedo escanear, etc. A ello se suma la agenda de actitudes, las cuales son inherentes al perfil de la profesión: si llega temprano, si porta el uniforme, si empieza a trabajar de una manera respetuosa con el profesor, todo ello con la finalidad de que el alumno se desarrolle de una manera integral, así el alumno va viendo su puntualidad, su disciplina, etcétera, de lo que se trata es de que realmente la tecnología aunada al proceso de aprendizaje y el proceso de guía tutorial sea integral reforzando todos aquellos aspectos importantes para la formación del profesional del futuro.

Una vez que se tienen listas las tres agendas con su respectiva página, se entra al trabajo propiamente académico, que es la segunda fase. Aquí lo que se recomienda son dos horas de actividad, en los primeros minutos se leen las agendas, se establece el plan de trabajo, se dan las indicaciones necesarias para que el alumno trabaje mostrando los paquetes que se usarán y así el grupo inicia sus búsquedas de información, cada uno de manera independiente revisando los puntos en el orden que desee. Esto representa unos cuarenta y cinco minutos de trabajo personalizado y se da paso al trabajo grupal mediante el monitoreo para ver qué encontró cada quien, para con ello empezar a armar una página, que consiste en la construcción del resumen de clase grupal, que es donde actúa el pizarrón interactivo en el que se va integrando el conjunto de información. Termina con una retroalimentación del proceso, que prácticamente es la tercera fase y que consiste en el llenado de una evaluación. Se revisa si los contenidos principales se han aprendido y para ello se aplican los cuestionarios. Por lo tanto el CIAM también se convierte en generador de información acorde al trabajo propio de clases.

Por otro lado, se han desarrollado también cursos y conferencias en línea y aunque la experiencia ha sido variada hay muchos obstáculos que vencer porque todavía el apoyo tecnológico no es suficiente para dar esta capacidad de trabajo. Una de las lecciones importantes de esta experiencia es que no hay que indigestarnos de progreso, hay que saber seleccionar los pequeños objetivos que son básicos para cada materia y hacerlos fáciles; tomar las herramientas de la informática y dárselas al maestro para que las utilice, no hay que desplazarlo, no hay que dejar solo al alumno, sino trabajar juntos y que de esa manera ambos impriman a los sistemas su personalidad al aplicarlos en el aula.

OTROS ESCENARIOS

Además de los programas de bibliotecas y aulas virtuales expuestos, la Universidad de Colima en el ánimo de hacer más eficientes los servicios y recursos de información desarrolla otros proyectos –mismos que en 1995 le llevaron a obtener los auspicios de la UNESCO como Centro Regional para la Producción de Discos Compactos y Nuevas Tecnologías de Información. En este sentido, en 1988 las limitantes técnicas para el almacenamiento de información (bases de datos, documentos, catálogos, etc.) volcaron las energías de la institución hacia la producción de *CD-ROM*, creándose en 1989 el Centro Nacional Editor de Discos Compactos (Cenedic) que en la actualidad cuenta con un catálogo de más de doscientos discos compactos en el que alternan cada año nuevos títulos. El logro más importante del Centro puede resumirse en el desarrollo de metodologías, rutinas y aplicaciones de procesamiento y programación innovadoras que permiten ofrecer un producto de calidad competitiva a nivel mundial, además de solucionar cada una de las necesidades exclusivas de sus clientes.

Por otro lado, desde hace dos años, a través de su Dirección General de Servicios Telemáticos (DIGESET) participa en la Corporación Universitaria para el Desarrollo de Internet2 (CUDI) que permita el acceso a los beneficios de la telecomunicación tales como educación a distancia, acceso remoto a bancos de información, televisión educativa, servicios Internet, salud, gestión pública, etcétera. Para ello, cuenta con personal altamente capacitado en los últimos avances en redes, comunicación de datos, Internet y videoconferencias. Con este espíritu, sumando esfuerzos con la Facultad de Telemática se desarrollan muchos de los proyectos mencionados, sistematizando, analizando y compartiendo las mutuas experiencias a través de la investigación y generación de materiales para su circulación en revistas y libros nacionales e internacionales, buscando asimismo la participación en foros donde se discutan, reflexionen y construyan las condiciones para una relación inteligente y equilibrada entre tecnologías y sociedad.

Hay otros proyectos donde está involucrada la tecnología pero que a diferencia de los anteriores han surgido dentro de las escuelas y facultades como la de Letras y Comunicación que por su carácter de formadora de comunicadores tiene implícito el nexo con la tecnología; la de Telemática, que lo lleva implícito, ya que esta facultad surge como producto de las necesidades detectadas en la puesta en práctica de la tecnología en la Universidad de Colima y que en este momento tiene proyectos propios, como el de las aulas interactivas, tutoriales para la educación a distancia, etcétera.

Con los avances actuales, se observa una estructura universitaria donde los procedimientos comunicativos estén fundamentados en procesos electrónicos, en todos los sentidos: estudiantes y profesores, entre los propios alumnos y entre la información bibliotecaria y las fuentes de datos y sus usuarios. Este modelo organizativo definiría a la universidad no como un espacio físico donde todos los recursos materiales que los profesores y los alumnos requieren están, sino más bien como una nueva estructura que incluya en sí misma a un conjunto de interrelaciones complejas entre un determinado número de lugares, recursos y personas. Todo lo mencionado hasta aquí hace que la Universidad de Colima esté considerada como líder regional en proyectos tecnológicos dentro de las instituciones de educación superior, un gran honor pero también un gran compromiso si consideramos el avance que se da a cada momento y las necesidades educativas que requieren una respuesta inmediata.

LA UNIVERSIDAD VIRTUAL

La Universidad Virtual (UV) es concebida por la ANUIES como: "un tipo de institución mediante la cual se llevan a cabo procesos y objetos asociados a las actividades de enseñanza y aprendizaje, de investigación y gestión, a través de diferentes medios, tales como las teleconferencias, videoconferencias, vídeo en demanda e Internet. Bajo diversas modalidades no presenciales, se promueve el aprendizaje mediante la interacción entre los participantes, apoyándose en medios electrónicos, la consulta de documentos en una biblioteca digitalizada y la comunicación con estudiantes y profesores. En este sentido, la UV es un organismo-red, de carácter nacional, sustentado en el sistema de IES (instituciones de educación superior) existentes en el país, a través del cual se cumplen las tres funciones básicas correspondientes a este nivel: enseñanza-aprendizaje, investigación y extensión"[13]; con base en ello, la Universidad de Colima se hace partícipe de esta propuesta, ante las perspectivas que ofrece el panorama educativo, como son la educación permanente, la actualización, la participación en programas sin limitaciones de horarios ni ubicación geográfica y cobertura para la atención de un mayor número de alumnos.

El antecedente inmediato del proyecto UV en la Universidad de Colima se ha dado con la conformación del Programa de Integración tecnológica, para lo cual fue necesario realizar un diagnóstico que permitió identificar que el problema medular no era la infraestructura, sino cómo integrar las trayectorias de todas las aplicaciones tecnológicas para que al conjuntarlas se generase un nuevo modelo que ofreciera otra alternativa: la educación a distancia, pero también la integración de la tecnología en las actividades cotidianas de la academia.

El proyecto se conecta –evidentemente– a los mencionados en los apartados anteriores, se enmarca en el Programa Institucional de Desarrollo de la institución y se está llevando a cabo por un equipo multidisciplinario integrado por especialistas en pedagogía, tecnología y comunicación, lo que implica un fuerte componente de trabajo en equipo, así como de asesoría externa para contar con opiniones más imparciales y de gente que tiene experiencias en el campo, por lo cual fue necesario emprender la tarea de conocer vía Internet a los líderes en este campo, visitar sus sitios e iniciar los contactos.

El programa tiene como objetivos el integrar y complementar las tecnologías de la Universidad de Colima para poder ofrecer educación a distancia en el nivel de posgrado, educación continua y algunas materias de licenciatura en línea que apoyen el sistema tradicional, con la finalidad de atender con calidad la creciente población estudiantil, así como ofrecer servicios educativos que proporcionen una formación integral a través de un modelo educativo que permita la práctica activa de los estudiantes en su propia formación, construyendo cooperativamente sus conocimientos. Adicionalmente, se pretende elevar el nivel educativo de la población a través de un incremento en la oferta de programas de formación –licenciatura y posgrado, actualización de diplomados y capacitación para el trabajo– y otros cursos; establecer mecanismos que permitan la colaboración interinstitucional para la optimización de recursos humanos y materiales y la formación de personal académico en las nuevas modalidades educativas.

El modelo educativo que se está proponiendo es el constructivismo principalmente, porque es más importante aprender a aprender, en una dinámica que supone su continuidad a lo largo de toda la vida, habida cuenta de que "la época actual se caracteriza por la acelerada generación y renovación de conocimientos científicos y tecnológicos, por lo que en consecuencia muchos de ellos en un corto plazo quedan obsoletos"[14]. Para la ejecución de los cursos propiamente dichos se ha considerado además de la fundamental participación del catedrático experto, la integración de la figura del tutor. Así, en tanto que el experto puede ser de otra institución de educación superior de México o del extranjero y su trabajo únicamente será durante el proceso instruccional de la asignatura, el tutor será necesariamente un profesor adscripto a la Universidad de Colima. Derivado del modelo educativo antes mencionado, el tutor es una figura fundamental, ya que es quien "acompañará" al alumno en sus estudios, situación que resulta por demás importante si consideramos que aquél está solo estudiando y requiere de un apoyo más fuerte del que necesita el alumno tradicional. En algún momento el experto puede ser tutor, pero no necesariamente.

LOS ACTORES: ESTUDIANTES Y PROFESORES

A raíz del elevado número de aplicaciones tecnológicas para la educación que se han desarrollado, se realizan actualmente diversos proyectos de investigación con objeto de medir su impacto en la docencia[15] que pronto arrojarán resultados sistematizados. Al mismo tiempo, la experiencia, la observación y las entrevistas con los involucrados permiten apreciar un panorama de cómo la comunidad universitaria de Colima percibe la tecnología. A continuación se presentan algunas situaciones particularmente interesantes, que hacen énfasis en las tres experiencias presentadas en los apartados anteriores.

No necesito la tecnología porque no la conozco

Partiendo de que "nadie puede hoy esperar que el acervo inicial de conocimientos constituido en la juventud le baste para toda la vida, pues la rápida evolución del mundo exige una actualización permanente del saber"[16], así como de la inquietud de optimizar la inversión realizada en fuentes de información electrónica en la Universidad de Colima que fue del orden de medio millón de pesos en el año 2000 y cuya proyección para los próximos años permite visualizar no sólo la continuidad sino el incremento de ese recurso para compra no sólo de recursos en red, sino de discos compactos y revistas electrónicas; los bibliotecarios de la universidad se dieron a la tarea de encontrar opciones para incrementar el uso y lograr un posicionamiento de estos recursos como elemento fundamental para la práctica docente y de investigación.

El bajo nivel de impacto de dichas fuentes se evidenciaba de diversas formas, siendo una de las más tangibles el riesgo de cancelar un servicio de acceso a 2 mil revistas científicas en texto completo y 3 mil más a nivel de resumen debido a que las estadísticas mostraban un uso muy reducido de esas fuentes de información. "Antes de tomar la decisión, fue sometida al consenso de los profesores e investigadores y la respuesta fue casi unánime: que se cancele el servicio"[17]. Sin embargo, no se procedió a ejecutar la instrucción sino hasta después de impartir los cursos del *software* de autoaprendizaje para las habilidades en el uso de la información: *Biblioteca Siglo XXI*, pues la percepción de los bibliotecarios era coincidente en las siete bibliotecas: la opinión no estaba sustentada sobre bases firmes, sino únicamente en el desconocimiento de las fuentes y la manera de utilizarlas.

La tarea de convencimiento para asistir a la capacitación no fue fácil, se presentaron reacciones del tipo "¿qué me van a enseñar que yo no sepa?", "cualquiera puede navegar en Internet", "la información la obtengo con mis colegas directamente"... Sin embargo, algunos directores de facultades y escuelas decidieron apoyar el experimento y eso fue el detonador, ya que los profesores –una vez capacitados— se convirtieron en los principales promotores del curso, pues encontraron que si bien la tecnología *per se* no es la panacea, coexisten dentro de ella una diversidad de aplicaciones pertinentes para sus programas de docencia e investigación, han aprendido el uso de *Current Contents*, por ejemplo, que no sólo les actualiza sobre el tema, sino que les pone en contacto directo con sus pares académicos en otros puntos del orbe al proporcionarles incluso el dato de su correo electrónico, lo que les permite mantener correspondencia permanente, intercambio de datos, de avances de investigación, etcétera. Otro servicio que desconocían era el de acceso a las revistas científicas de texto completo, con la ventaja de poder consultarlas desde sus casas incluso a cualquier hora los trescientos sesenta y cinco días del año con el sólo uso de una clave. Al conocer el abanico de opciones fueron descubriendo que les permitía mejorar sus índices de producción, las posibilidades de actualización, etc., con lo cual la percepción cambió, a grado tal que incluso los bibliotecarios comenzaron a recibir peticiones por escrito para solicitar la no cancelación del servicio.

Esta reacción no es nada nueva, durante varios semestres desde la segunda mitad de los años ochenta, aún sin que el programa estuviese estructurado de la manera en que se encuentra ahora, sino como parte de un Taller de Información y Documentación Científica para las maestrías en Historia Regional, Fisiología y Farmacología, la reacción de los grupos era siempre como dar de pronto con un gran descubrimiento, en aquel entonces aunada a un cierto temor de manejar las computadoras y "jugar con la información" pero finalmente positiva.

¡CUÁNTA INFORMACIÓN DIGITAL! ¿ME LA PUEDO LLEVAR IMPRESA?

Otras reacciones de los profesores que resultan interesantes han sido: la revaloración del texto escrito, el consumo de información basado en criterios más selectivos, así como la asimilación de una imagen más positiva de la actividad bibliotecaria. Sin embargo, llama la atención la sugerencia que –por ejemplo– algunos de ellos han coincidido en hacer respecto al servicio denominado "Biblioteca de bibliotecas" (recurso de información con enlaces a centenas de bibliotecas digitales especializadas), ante lo cual sugirieron generar una versión impresa de las direcciones de esos enlaces, a manera de listado, en vez de sugerir la manera de integrarlo a su archivo personal de "favoritos", lo que refleja un apego todavía fuerte hacia los esquemas tradicionales.

CONSTRUYENDO JUNTOS LOS RECURSOS ELECTRÓNICOS

Uno de los aspectos más positivos resultantes del curso señalado fue la revaloración y un mayor respeto a la labor bibliotecaria y la buena recepción ante la invitación que se hizo a los maestros de colaborar con el crecimiento del servicio "Biblioteca de Bibliotecas" aportando periódicamente los sitios adicionales que fuesen encontrando en sus sesiones de navegación y que ellos consideraran de calidad, logrando en consecuencia tener mayores acervos electrónicos, y mejor aún, la participación de todos en la construcción de una colección digital en permanente desarrollo.

ASÍ ME GUSTA ESTUDIAR, ASÍ ME GUSTA ENSEÑAR

Por lo que respecta al aula virtual, hay mucho que decir en relación con lo que ha significado en la comunidad de la cual forma parte. El caso de los maestros es muy interesante, ya que en primer lugar les ha representado una transformación de su práctica docente, que para todo maestro con vocación es un reto apasionante; en este caso baste el ejemplo de las materias cuyos contenidos temáticos a duras penas se alcanzaban a cubrir a lo largo de un semestre y que con los apoyos tecnológicos del aula virtual pueden cubrirse ahora en períodos de cuatro a seis semanas, lo cual abre la posibilidad de contar con más tiempo que el grupo para explore e investigue más profundamente.

MENOS REPROBADOS, MÁS MOTIVADOS

Otro dato interesante es el descenso considerable en los índices de reprobación, como en el caso concreto de la materia de Morfología que pasó del 60% al 3% ¿a qué se debe este logro? Básicamente a que en vez de "suponer" y aprender de memoria los estudiantes fueron testigos del proceso de manera directa, se interesaron más, en consecuencia se documentaron ampliamente, haciendo lecturas alrededor del tema sin sentirse obligados, sino más bien motivados.

¿Cómo se da la participación en clase? Sin perder de vista que el uso del aula virtual se ha aprovechado hasta ahora fundamentalmente para clases presenciales, los estudiantes aún en plena sesión pueden mantener cierto grado de anonimato; esto es posible ya que el alumno que tiene dudas pero no desea exponerlas ante el grupo puede dirigirse al maestro de manera directa, sin que los demás lo noten, por medio de un micrófono personal y un botón para petición de ayuda, esto permite a los chicos introvertidos participar más, en tanto que los que están acostumbrados se sienten más cómodos aún. Una reacción generalizada es el deseo de continuar con la clase una vez que se les anuncia que ha terminado. Los estudiantes suelen estar tan embebidos con el tema que pierden literalmente la noción del tiempo y disfrutan del proceso, a grado tal que el profesor tiene que recordarles que la sesión terminó. Se han llevado a cabo sesiones aleatorias de observación y en todas ha sido impactante ver cómo grupos integrados hasta por cuarenta estudiantes, cuyo promedio de edad es de veinte años (que si bien podrían tener interés en la temática, pero que por norma general suelen ser jóvenes inquietos y energéticos) permanecían atentos, concentrados y motivados durante las dos o tres horas de clase, una clase que según egresados de generaciones anteriores "teníamos que aprender de 'machete', de memoria y a pesar de ello no entendíamos gran cosa".

PREFIERO LAS CLASES A DISTANCIA, ME ORGANIZO MEJOR

Los estudiantes de posgrado están encantados con las materias que se imparten a distancia o en la modalidad semi-presencial ¿por qué? Porque generalmente se trata de personas adultas, con compromisos familiares y laborales y que por lo tanto valoran la flexibilidad que les brinda un curso sin las exigencias en horarios tan fuertes como otros. Una de ellas que es al mismo tiempo ama de casa, madre de familia, funcionaria universitaria y estudiante de maestría en Tecnología Instruccional es feliz con sus clases en línea y comenta: "mis compañeros también disfrutan la posibilidad de organizar sus horarios de manera que armonicen con sus otras actividades sin descuidar los deberes escolares".

INTERACTIVIDAD: COMPAÑEROS EN LÍNEA

Contrariamente a lo que pudiera pensarse en cuanto a que "la falta de interacción entre estudiantes y profesores se acentúa en los ambientes educativos a distancia, particularmente en los cursos en línea, donde los estudiantes no tienen horarios ni lugares definidos para acceder al material de los cursos y realizar las actividades de aprendizaje" los profesores han encontrado que "para este grupo de estudiantes el hecho de poder interactuar con el instructor y sus compañeros, sin restricciones de espacio y tiempo, les ayudó a lograr un mejor aprovechamiento de los materiales de estudio y a sentirse menos solos mientras trabajaron en el curso". Partiendo de la experiencia concreta de uno de ellos los resultados más específicos fueron[18]:

- Evaluación de la calidad de la interacción con el instructor por parte de los estudiantes (en una escala de: excelente, buena, regular, limitada y nula): todos los estudiantes la calificaron como buena.

- Todos los estudiantes reportaron que el saber quién más se encontraba conectado al sitio al mismo tiempo les ayudó a sentirse parte activa del grupo y a reducir el sentimiento de soledad mientras trabajaban en las actividades del curso, calificando como alta la frecuencia con la que verificaban quién más estaba conectado simultáneamente en una escala de: Continuamente (5), muy seguido (4), algunas veces (3), rara vez (2), nunca (1). El promedio fue de 4,2.

- Cuatro de los cinco estudiantes calificaron el *software* empleado como muy útil para apoyar las actividades individuales y de grupo. Además, lo consideraron como una ayuda excelente para consultar sus dudas en forma sincrónica.

- Los cinco estudiantes consideraron que las interacciones informales que tuvieron durante el desarrollo del curso les ayudaron a entender mejor los materiales, dado que generalmente podían discutir sus dudas con los compañeros o el instructor al momento en el que les surgían, ya que muy a menudo había alguien más conectado al mismo tiempo.

En general, los participantes consideraron que la experiencia educativa usando el sistema de interacción informal fue bastante satisfactoria y enriquecedora en comparación con otros cursos a distancia que habían tenido en el pasado. Las respuestas a las preguntas abiertas indicaron que los estudiantes consideraban que el sistema había sido útil en el contexto particular de esa clase, pero que su nivel de utilidad podría variar dependiendo de las actividades del curso en el que se implante.

¡QUEREMOS SEGUIR JUGANDO!

"Cualquiera que haya visto a los niños trabajar juntos con una computadora [...] sabe que la tecnología puede humanizar el entorno educativo"[19]. Cada generación está más digitalizada que la anterior, esto podemos observarlo todos los días al darnos cuenta cómo mientras que los niños actualmente manejan con gran soltura los equipos de cómputo muchos padres de familia y maestros aún no han superado el temor a estos aparatos que no conocieron durante su infancia. En *Ser digital*[20] se afirma que en el futuro próximo las escuelas cambiarán transformándose en museos y lugares de juego para los niños, que armarán rompecabezas de ideas y tendrán intercambio social con otros niños de todo el mundo.

También en la Universidad de Colima esto se ha podido constatar de varias maneras. Un botón de muestra es uno de los discos compactos, el de Matemáticas para niños de 7 y 8 años, que se elaboró bajo la dirección de la autora del libro de texto de ese tema para 2° año de primaria. Antes de su edición final, se llevó a cabo una prueba piloto con doscientos niños tanto de zonas urbanas, rurales y semiurbanas, todos ellos con la característica de no haber usado antes una computadora. Una vez reunidos se les habló durante sólo dos o tres minutos acerca del equipo que habrían de utilizar, explicándoles cómo utilizar el *mouse* y el teclado; tras esa primera y única "clase de informática" se les dejó trabajando. Dos horas más tarde, cuando los facilitadores pasaron a notificarles que la sesión había terminado los niños no querían dejar de "jugar" –como ellos mismos dijeron–, siendo que habían estado resolviendo los ejercicios de matemáticas que en sus libros les parecían poco atractivos.

"La fuerza que determina la difusión del uso de la computación no es social ni racial ni económica, sino generacional" afirma Negroponte[21]. ¿Será por eso que la dulce abuelita de un amigo nunca ha querido usar las escaleras eléctricas y en cambio cualquier niño de 10 años usa con familiaridad una impresora láser y mi propia sobrina de 4 años aprendió a leer a los pocos días de abrir su cuenta de correo en Internet?

Un nuevo juguete

"Los adultos se ven motivados a aprender sobre tecnologías de información debido a diferentes factores. Muchos padres buscan desarrollar sus habilidades y conocimientos para ayudar a la educación de sus hijos. También creen que son rebasados por la habilidad de sus hijos de usar las tecnologías de información"[22]. Esto se ha podido constatar muchas veces, entre otras, cuando en la Universidad de Colima se lleva a cabo año con año el programa de apoyo para la adquisición de equipo de cómputo, que mediante un financiamiento importante por parte de la institución permite a los trabajadores adquirir un equipo pagándolo a plazos. El número de solicitudes ha aumentado de trescientas cuarenta y cinco en 1997 a cuatrocientas veinte en el año 2000, aunque sólo se autorizan un promedio de doscientas cincuenta. Los solicitantes, en su mayoría, comentan que la PC requerida es para el uso de sus hijos fundamentalmente.

De tarea

Esta revisión de tres casos: biblioteca digital, aula virtual y educación a distancia, deja ver apenas una luz que sin embargo incita a seguir navegando en el océano de posibilidades de la tecnología, avanzando sin repetir errores, aprendiendo sobre lo logrado. Algunas recomendaciones y sugerencias para el futuro inmediato serían:

Investigación

Las aplicaciones de tecnología de información para la educación son relativamente recientes y por lo tanto hay mucho que analizar y reflexionar en torno a ellas, a sus alcances, resultados y posibilidades. Su impacto en las comunidades se está dejando sentir de diferentes maneras y por ello una de las tareas urgentes es hacer investigación en torno a ello. Esta responsabilidad debe ser asumida por grupos interdisciplinarios.

Sensibilización e información

Particularmente en el caso de los maestros, habría que trabajar en este punto, favoreciendo el entorno para familiarizarlos con la tecnología de manera integral. Ya se mostró cómo el papel de los docentes se refuerza y su práctica pedagógica se ve transformada por la aplicación de estas nuevas metodologías, sin embargo, algunos de ellos aún conciben la tecnología como la posibilidad de utilizar sólo aplicaciones del tipo *Power Point* y edición de textos. Eso está bien, pero el potencial –como se ha mostrado— puede ir más allá.

No está por demás hacer énfasis en los cursos de habilidades en el uso de la información cuyos contenidos permitan el máximo aprovechamiento de los recursos electrónicos, de las "joyas" que existen en la red. Los adultos que están en contacto cotidiano con la *Net generation*[23] podrían verse rebasados por sus estudiantes, en consecuencia estarían obligados a prepararse más en este aspecto, lo que les permitirá crecer junto con los niños y jóvenes que forman esa generación de las redes.

INNOVACIÓN Y TRABAJO EN EQUIPO

El trabajo en equipo y la valoración del trabajo multidisciplinario es otra de las actitudes que se refuerza en los profesores, ya que constantemente requieren de la interacción con informáticos, pedagogos y otros profesionales, pero particularmente, uno de los aprendizajes importantes de esta experiencia ha sido el de maestros clave que se convierten en agentes de cambio, pues aunque todavía hay profesores que rehuyen la tecnología, en cambio otros son particularmente atraídos por ella; si a esto se suma su sed por aprender y sobre todo por aprovechar las nuevas herramientas para la transmisión del conocimiento, estos maestros pueden poner en marcha todo un engranaje a través de su actitud y de su ejemplo y con ello lograr que poco a poco sus colegas se vayan contagiando de su alegría por enseñar y por buscar opciones creativas para la impartición de sus cursos.

La tecnología está abriendo nuevos espacios, los roles van transformándose, los bibliotecarios en 2 mil años han pasado de una tecnología de tabletas de arcilla, a otra de papiro, a la de manuscritos, posteriormente a la de la imprenta, y ahora a la del web. También los profesores tienen nuevos retos, mientras que en el pasado la tecnología era algo aún intangible y remoto ahora se ha vuelto fundamental y su utilización es cada vez más natural. Reconfigurar los roles, reconfigurar el entorno y articularlo, para que lo que hemos declarado como futuro, pase; si uno mira a la historia, va viendo cómo todo ha ido cambiando. Los espacios funcionan así, cierre y apertura permanente. Por ello los cuatro pilares identificados por la Unesco como los soportes de la educación –aprender a aprender, aprender a ser, aprender a hacer y aprender a convivir– ofrecen el espectro de la Utopía necesaria hacia ese espacio deseado, porque a fin de cuentas educar no es llenar al estudiante de conocimientos, sino orientarle para obtener lo mejor de sí mismo y proyectarlo a la plenitud de su espíritu. Quizás con una mirada más fresca hacia el proceso de enseñanza-aprendizaje, basado en sistemas más flexibles, sea posible lograrlo. El aprender a aprender y la educación a lo largo de toda la vida no debieran verse como utopías, sino como posibilidades que pueden hacerse realidad hoy.

Bibliografía

Asociación Nacional de Universidades e Instituciones de Educación Superior 2000 *La educación superior en el Siglo XXI: líneas estratégicas de desarrollo* (México: ANUIES).

Avila Muñoz, Patricia 2000 "Aprendizaje con nuevas tecnologías: paradigma emergente" en De los Santos, Juan Eliézer (comp.) *La investigación educativa y el conocimiento sobre los alumnos* (Colima: Universidad de Colima) pp. 174.187.

Boukhari, Sophie december 1998 "Anatomy of the cybernaut" en *UNESCO Courier*, p. 43-46.

Cabero, Julio 1992 *Análisis de medios de enseñanza: aportaciones para su selección, utilización, diseño e investigación* (Sevilla: Alfa).

Camilla De Los Santos, José Guadalupe 2000 *Selección y uso de tecnología educativa* (México: Trillas/ILCE/ITESM).

Campuzano Ruíz, Antonio 1992 *Tecnologías audiovisuales y educación: una visión desde la práctica* (Madrid: Akal).

Castañeda Yáñez, Margarita 1996 *Los medios de comunicación y la tecnología educativa* (México: Trillas).

Clarke, Alan January 1998 "The path towards computer literacy" en *Adults learning* Vol. 9, N° 5.

Contreras Castillo, Juan José, Pérez Fragoso, C. y Favela, Jesús 2000 "El papel de la interacción informal en los cursos en línea: estudio exploratorio" en *Memorias del IX Encuentro Internacional de Educación a Distancia: educación sin fronteras: comunidades y redes de aprendizaje* (Guadalajara: Universidad de Guadalajara).

De los Santos, Juan Eliézer (comp.) 2000 *La investigación educativa y el conocimiento sobre los alumnos* (México: Universidad de Colima).

Delors, Jacques 1996 *La educación encierra un tesoro*. Informe a la Unesco de la Comisión Internacional sobre la educación para el siglo XXI (Madrid: Santillana/Ediciones Unesco).

Escudero Yerena, Ma. Teresa 1995 *La comunicación en la enseñanza* (México: Trillas).

Feria, Lourdes 1997 *Servicios y tecnologías de información: una experiencia latinoamericana* (Colima: Universidad de Colima). Aparece en Notas la misma obra pero adjudicada a Galeana, Lourdes Aclarar apellido de la autora que corresponde al libro citado: ¿Feria o Galeana?

Ford, Aníbal 1999 *La marca de la bestia: identificación, desigualdades e infoentretenimiento en la sociedad contemporánea* (Buenos Aires: Norma).

Galagan, Patricia A. December 2000 "The e-learning revolution" en *Training & development* Vol. 54, N° 12.

Gallego, Ma. Jesús 1997 *La tecnología educativa en acción* (Granada: Force).

Garrison, Dale november-december 2000 "The 'Net' generation" en *Women in business* Vol. 52, N° 6.

Gates, B., Myhrvold N. y Rinearson, P. November 1996 *The road ahead* (2nd ed.).

Gros Salvat, Begoña 2000 *El ordenador invisible: hacia una apropiación del ordenador en la enseñanza* (España: Gedisa).

Hernández, Fernando y Sancho, Juana María 1994 *Para enseñar no basta con saber la asignatura* (Barcelona: Paidós).

Kuhlthau, Carol C. 1991 "Bringing up an information literate generation: dynamic roles for school and public libraries" en Varlejs, Jana *Information literacy: learning how to learn: Proceedings of the twenty-eight annual symposium of the graduate alumni and faculty of the Rutgers School of Communication, Information and Library Studies, 6 april 1997* (Jefferson, NC: McFarland & Co.).

Litwin, Edith 1995 *Tecnología educativa: Política, historias, propuestas* (Buenos Aires: Paidós).

Martínez, Ana Beatriz octubre-diciembre 1993 "La informática en la educación" en *Revista de pedagogía* Vol.14, N° 36.

Mayor Zaragoza, Federico Discurso recibido a través de videoconferencia en la sesión inaugural del Congreso de Informática y Telecomunicaciones: Plataforma para la Referencia incompleta

Myers, J. E. junio 1993 "Surfing the sea of stories: riding the information revolution" en *Internet librarian*.

Negroponte, Nicholas 1996 *Ser digital* (México: Océano).

Nuna, David 1998 *El diseño de tareas para la clase comunicativa* (Londres: Cambridge University Press).

Oilo, Didier 1998 *De lo tradicional a lo virtual: las nuevas tecnologías de la información* (París: Unesco). Debate temático en Conferencia Mundial sobre la Educación Superior, 5 al 9 de octubre 1998.

Pablos, Juan de 1996 *Tecnología y Educación* (Barcelona: Cedecs).

Plan Institucional de Desarrollo 1998-2001 1997 (México: Universidad de Colima).

Plan maestro de educación superior abierta y a distancia 1997 (México: ANUIES).

Postman, Neil "Virtual students, digital classroom" en *Nation* Vol. 261 N° 11, pp. 377.

Sancho, Joana 1998 *Para una tecnología educativa* (Barcelona: Horsori).

"Special theme: informatics and education, implications for higher education" en *Higher education policy* (1989) Vol. 2, N° 4.

"The Virtual University: organizing to survive in the 21st Century" en *Journal of Libraries* (january 2001) Vol. 27, pp. 3.

Verdugo Sánchez, José Alfredo julio-diciembre1993 "Hacia un concepto de formación de usuario y propuesta de un programa" en *Investigación bibliotecológica* Vol.7, N° 15.

Villaseñor, Guillermo 1998 *La tecnología en el proceso enseñanza-aprendizaje* (México: Trillas).

Wallis, Claudia 1995 "The learning revolution" en *Time* Vol. 145, N° 12, pp. 49, 3p, 4c.

Weigel, Van septiembre-octubre 2000 "E-Learning and the Tradeoff Between Richness and Reach in Higher Education" en *Change* Vol. 33, N° 5, pp.10

NOTAS

1 Martínez, Ana Beatríz octubre-diciembre 1993 "La informática en la educación" en *Revista de pedagogía* Vol. 14, N° 36, pp. 12-13.

2 "Special theme: informatics and education, implications for higher education" (1989: 9).

3 Oilo, Didier (1998: 3).

4 Ford (1999).

5 Ford (1999: 141).

6 Myers, J. E. (1993).

7 Verdugo Sánchez (1993: 7).

8 Kuhlthau, Carol C. (1991: 9).

9 Mayor Zaragoza, Federico (s/f).

10 <http://www.ucol.mx/CGSTI>

11 Adaptación de una charla de la Dra. Lourdes Galeana realizada en 1993 y de su participación en el IX Coloquio de Automatización de Bibliotecas (Colima: 1999).

12 Galeana De La O., Lourdes 1997 *Servicios y tecnologías de información: una experiencia latinoamericana* (Colima: Universidad de Colima) pp. 189. Aparece en bilio como Feria, Lourdes Aclarar apellido de la autora que corresponde al libro citado

13 Asociación Nacional de Universidades e Instituciones de Educación Superior (2000: 193).

14 Asociación Nacional de Universidades e Instituciones de Educación Superior (2000: 194).

15 Los proyectos son: Desarrollo de habilidades de aprendizaje con tecnología en un modelo innovador, Norma Barón; Impacto de la tecnología en la docencia, Eliezer de los Santos; Diagnóstico de la tecnología en los campus universitarios, Rodolfo Rangel; Acceso y uso de la tecnología en los campus Tecomán y Manzanillo, Martha C. Alcaraz.

16 Delors, Jacques (1996: 113).

17 Información proporcionada por la Dra. Evangelina Serrano B., Directora General de Servicios Bibliotecarios (10 de enero de 2001).

18 Contreras Castillo, Juan José, Pérez Fragoso, C. y Favela, Jesús (2000).

19 Gates, B., Myhrvold N. y Rinearson, P. (1996 :181).

20 Negroponte, Nicholas (1996).

21 Negroponte, Nicholas (1996: 222).

22 Clarke, Alan (january 1998: 18-20).

23 Término acuñado por Don Tapscott en su libro *Growing Up Digital* (1998). Citado por Garrison, Dale (november-december 2000: 14-18).

Listado de Centros Miembros de CLACSO

La producción de las instituciones listadas a continuación está disponible en sus sitios web y en la Biblioteca Virtual de Ciencias Sociales de América Latina y el Caribe de la Red de Centros Miembros de CLACSO.

ARGENTINA

- Centro de Estudios Avanzados (CEA),
Universidad Nacional de Córdoba
Av. Vélez Sarsfield 153
[Dirección provisoria Caseros 862] - 5000 Córdoba
Tel.: (54-351) 433-2086/88
[Provisorio 426-2400]
Fax: (54-351) 433-2087
<centro@cea.unc.edu.ar>
<http://www.cea.unc.edu.ar>
Directora: Dora CELTON

- Centro de Estudios de Estado y Sociedad (CEDES)
Sánchez de Bustamante 27, 1° piso 1173
Buenos Aires
Tel.: (54-11) 4865-1704/1712/1707
Fax: (54-11) 4862-0805
<cedes@cedes.org>
<http://www.cedes.org>
Directora: Silvina RAMOS

- Centro de Estudios de Población (CENEP)
Av. Corrientes 2817, 7° piso A y B C1193AAR
Buenos Aires
Casilla de Correo 4397 - 1000 Correo Central,
Buenos Aires
Tel.: (54-11) 4961-0309/2268
Fax: (54-11) 4961-8195
<cenep@cenep.org.ar>
<http://www.cenep.org.ar>
Directora: Marcela CERRUTTI

- Centro de Estudios Históricos de Estado, Politica y Cultura (CEHEPYC) Facultad de Humanidades, Universidad Nacional del Comahue
Av. Argentina 1400 - 8300 Neuquén
Tel.: (54-299) 449-0300 Int. 269
Fax: (54-299) 449-0389/448-0479
<ofavaro@speedy.com.ar>
<cehepyc@uncoma.edu.ar>
<http://investigadores.uncoma.edu.ar/CEHEPYC.html>
Directora: Orietta FAVARO

- Centro de Estudios e Investigaciones Laborales, Programa de Investigaciones Económicas sobre Tecnología, Trabajo y Empleo (CEIL-PIETTE del CONICET)
Saavedra 15, P.B y 4° piso - 1083 Buenos Aires
Telefax: (54-11) 4951-7486 • 4953-7651/4953-9853
[enviar información a los dos emails]
<jneffa@ceil-piette.gov.ar>
<postmaster@ceil-piette.gov.ar>
<http://www.ceil-piette.setcip.gov.ar>
Director: Julio C. NEFFA

- Centro de Población, Empleo y Desarrollo (CEPED), Instituto de Investigaciones Económicas, Facultad de Ciencias Económicas, Universidad de Buenos Aires
Córdoba 2122, 1° - (1120) Buenos Aires
Tel.: (54-11) 4374-4448 int. 6488/6492
Fax: (54-11) 4374-4448 int. 6488/6492
<ceped@econ.uba.ar>
<http://www.econ.uba.ar/ceped.html>
Director: Javier LINDENBOIM

- Centro de Investigaciones Científicas, Facultad de Ciencias Políticas y Sociales (FCPySOC-UNCuyo), Universidad Nacional de Cuyo
Centro Universitario. Parque Gral. San Martín 5500, Mendoza
Tel.: (54-261) 413-5000 Int. 2013
<cic@fcp.uncu.edu.ar>
<http://fcp.uncu.edu.ar>
Directora: Alicia FERNANDEZ

- Centro de Investigaciones Jurídicas y Sociales (CIJS), Facultad de Derecho y Ciencias Sociales, Universidad Nacional de Córdoba
Caseros 311 - 5000 Córdoba
Tel.: (54-351) 433-2059
Fax: (54-351) 433-2036
Correspondencia a Patricia SCARPONETTI
<pscarponetti@arnet.com.ar>
<http://www.derecho.unc.edu.ar/cinvest/>
Directora: Zlata DRNAS DE CLEMENT

- Escuela de Política y Gobierno (EPyG/UNSAM), Universidad Nacional de General San Martín
Paraná 145, 4° Piso - (1017) Buenos Aires
Telefax: (54-11)4374-0761/8389 • 4373-1910
<mmunicoy@unsam.edu.ar>
<http://www.unsam.edu.ar/dpg/index.htm>
Director: Marcelo CAVAROZZI

- Escuela e Instituto de Formación e Investigación Pedagógica y Sindical Marina Vilte (EIMV-CTERA)
Chile 654 (1098) Buenos Aires
Tel.: (54-11) 4300-5414/8502/9256 /9294
Fax: (54-11) 4361-3717
<direccionemv@ctera.org.ar>
<emv@ctera.org.ar>
<http://www.ctera.org.ar/emv>
Director: Jorge CARDELLI

- Facultad de Filosofía y Letras (FFL/UNT), Universidad Nacional de Tucumán
Av. Benjamín Aráoz 800 - Tucumán
Tel.: (54-381) 421-3406
Fax: (54-381) 431-0171
<decanato@filo.unt.edu.ar>
<http://www.filo.unt.edu.ar/>
Decana: Elena Malvina ROJAS MAYER

- Facultad Latinoamericana de Ciencias Sociales (FLACSO) Programa Argentina
Ayacucho 551 - 1026 Buenos Aires
Casilla de Correo 280/281 Suc. B - 1425 Buenos Aires
Tel.: (54-11) 4375-2446/2438/2435
Fax: (54-11) 4375-1373
<flacso@flacso.org.ar>
<direccio@flacso.org.ar>
<http://www.flacso.org.ar>
Directora: Guillermina TIRAMONTI

- Fundación de Investigaciones Sociales y Políticas (FISYP)
Maipú 73, 3°. Piso - 1084 Buenos Aires
Tel.: (54-11) 4320-6060 Int. 6366
Fax: (54-11) 4320-6039
<fisyp@rcc.com.ar>
<http://fisyp.rcc.com.ar/Links.htm>
Presidente: Julio César GAMBINA

- Instituto de Ciencias Sociales (ICS/UVM), Universidad Nacional de Villa María
Ciudad Universitaria - Ruta Nacional N° 9 - Km. 563
5900 Villa Maria - Córdoba
Tel.: (54-353) 453-9120/121/124
Fax: (54-353) 453-9109
<investigacion@ics.unvm.edu.ar>
Director: Dante LA ROCCA

- Instituto de Ciencias Sociales y Ambientales (INCIHUSA-CRICYT) CRICYT Mendoza/CONICET
Av. Adrián Ruiz Leal s/n - 5500 Mendoza
Tel.: (54-261) 428-8797
Fax: (54-261) 428-7370
<incihusa@lab.cricyt.edu.ar>
<http://www.cricyt.edu.ar/institutos/incihusa/default.htm>
Directora: Cristina SEGHESSO

- Instituto de Desarrollo Económico y Social (IDES)
Aráoz 2838 - 1425 Buenos Aires
Tel.: (54-11) 4804-4949
Fax: (54-11) 4804-5856
<ides@ides.org.ar>
<http://www.ides.org.ar>
Directora: Adriana MARSHALL

- Instituto de Estudios sobre Estado y Participación (IDEP)
Belgrano 2527 - (1096) Buenos Aires
Tel.: (54-11) 4308-5261/65
Fax: (54-11) 4307-3637/3829 int. 61
<ate@rcc.com.ar>
<http://www.ateargentina.org.ar/idep/incex.htm>
Director: Martin HOUREST

- Instituto de Estudios y Formación (IEF-CTA) - Central de Trabajadores Argentinos
Independencia 766 - (1099) Buenos Aires
Tel.: (54-11) 4300-5175/5835
Fax: (54-11) 4300-1015
<instituto@cta.org.ar>
<http://cta.org.ar/instituto/>
Director: Claudio LOZANO

- Instituto del Conurbano (ICO/UNGS), Universidad Nacional de Gral. Sarmiento
Juan María Gutiérrez 1150 (Barrio El Cortijo) Los Polvorines Malvinas Argentinas - Pcia. de Buenos Aires
Tel.: (54-11) 4469-7752/53
Fax: (54-11) 4469-7750
Para contactos Andrea Catenazzi
<acatenaz@ungs.edu.ar>
<mchiara@ungs.edu.ar>
<http://www.ungs.edu.ar/ico>
Directora: Magdalena CHIARA

- Instituto de Investigaciones Administrativas (IIA), Facultad de Ciencias Económicas, Universidad de Buenos Aires
Córdoba 2122, 2° piso - 1120 Capital Federal
Tel.: (54-11) 4370-6149
Fax: (54-11) 4374-4448 int. 6162
<iinvesad@econ.uba.ar>
<http://www.econ.uba.ar/www/institutos/administrativas/index.htm>
Director: Francisco SUAREZ

- Instituto de Investigaciones "Gino Germani" (IIFCS/UBA), Facultad de Ciencias Sociales, Universidad de Buenos Aires
Pte. Uriburu 950, 6° piso - 1114 Buenos Aires
Tel.: (54-11) 4508-3815 • 4508-3800 int. 181/183
Fax: (54-11) 4508-3822
<iigg@mail.fsoc.uba.ar>
<diriigg@mail.fsoc.uba.ar>
<http://www.fsoc.uba.ar/invest/iigg/index.htm>
Director: Pedro KROTCH

- Instituto de Investigaciones de Historia Económica y Social (IIHES), Facultad de Ciencias Económicas, Universidad de Buenos Aires
Av. Córdoba 2122, 2° piso - 1120AAQ, Buenos Aires
Tel.: (54-11)4370-6153 • 4374-4448 Int. 6498
Fax: (54-11)4370-6153
<ihisecon@econ.uba.ar>
<http://www.econ.uba.ar/www/institutos/historia/masinfo.htm>
Director: Mario RAPOPORT

- Programa de Investigación sobre el Movimiento de la Sociedad Argentina (PIMSA)
Casilla de Correo 2932 - Cod. Postal 1000 Correo Central Buenos Aires
Tel/Fax: (54-11) 4837-9377
<pimsa@tutopia.com>
<http://www.pimsa.com.ar/>
Directora: María Celia COTARELO

BOLIVIA

- Centro de Estudios de la Realidad Económica y Social (CERES)
Pasaje Warisata 1 - Av. Circunvalación, entre Av. Santa Cruz y Av. Potosí, Casilla 949, Cochabamba
Tel.: (591-44) 29-3148/49/50 • 11-8697
Fax: (591-44) 29-3145
<ceres@supernet.com.bo>
<http://www.ceresbolivia.org>
Directora: Rosario LEÓN

- Centro de Estudios para el Desarrollo Laboral y Agrario (CEDLA)
Av. Jaime Freyre 2940 esq. Muñóz Cornejo, Sopocachi, Casilla Postal 8630, La Paz
Tel.: (591-2) 241-2429/3175/3223
Fax: (591-2) 241-4625
<cedla@caoba.entelnet.bo>
<http://www.cedla.org>
Director Ejecutivo: Javier GOMEZ AGUILAR

- Centro de Planificación y Gestión (CEPLAG), Facultad de Ciencias Económicas, Universidad Mayor de San Simón
Edificio Decanato - 2° piso - Cochabamba
Tel.: (591-4) 454-2759
Fax: (591-4) 454-2759
<mdelafuente@ceplag.faces.umss.edu.bo>
<http://www.umss.edu.bo/Academia/Centros/Ceplag/Principal.htm>
Coordinador: Manuel DE LA FUENTE

- Comunidad de Estudios JAINA (JAINA)
Calle Sucre N° 1380 (3° planta), Tarija, Bolivia. Dirección Postal: Casilla 39
Tel.: (591-4) 663-0825 • 664-6879
Fax: (591-4) 663-0825
<caopil@mail.cosett.com.bo>
<jaina@mail.cosett.com.bo>
Director Ejecutivo: Carlos VACAFLORES

- Fundación Tierra - Taller de Iniciativas en Estudios Rurales y Reforma Agraria
Calle Hermanos Manchego N° 2576, Casilla 8155 La Paz
Tel.: (591-2) 243-2263/0145
Fax: (591-2) 243-2263/0145
<legtierr@caoba.entelnet.bo>
<http://www.ftierra.org/>
Director Ejecutivo: Miguel URIOSTE

- Instituto de Estudios Sociales y Económicos (IESE), Facultad de Ciencias Económicas y Sociológicas. Universidad Mayor de San Simón
Campus Universidad Mayor San Simón, prolongación c. Jordán, Casilla 4973, Cochabamba
Tel.: (591-44) 25-1243 • 25-1264
Fax: (591-44) 23-1691 • 25-1266
<dir@promec.umss.edu.bo>
<http://www.fce.umss.edu.bo/unidades/iese>
Director: Crecencio ALBA PINTO

- Postgrado en Ciencias del Desarrollo, (CIDES-UMSA), Universidad Mayor de San Andrés
Av. 14 de Septiembre 4913 esq. Calle 3, Obrajes. CP 9786. La Paz
Tel.: (591-2) 278-4207/6169/2361/5071/6970
Fax: (591-2) 278-6169
<cides@caoba.entelnet.bo>
<http://www.umsanet.edu.bo/org/cides>
<http://www.cides.edu.bo>
Director: Carlos VILLEGAS QUIROGA

BRASIL

- Centro Brasileiro de Análise e Planejamento (CEBRAP)
Rua Morgado Mateus 615, Villa Mariana, CEP 04015-902, São Paulo SP
Tel.: (55-11) 5574-0399
Fax: (55-11) 5574-5928
<cebrap@cebrap.org.br>
<http://www.cebrap.org.br>
Presidente: Fernando de MAGALHAES PAPATERRA LIMONGI

- Centro de Ciencias Sociales (CCS-UERJ), Universidad Estadual de Río de Janeiro
Rua Sao Francisco Xavier Nº 524, 8º andar, Bloco E, Sala 8007, Maracana, Río de Janeiro, CEP 20550-013
Tel.: (55 21) 2587-7146/7344
Fax: (55 21) 2284-3290
<proealc@uerj.br>
<ccs@uerj.br>
<http://www2.uerj.br/~ccs/index.html>
Directora: Lucia Maria BASTOS PEREIRA DAS NEVES

- Centro de Estudos Afro-Asiáticos (CEAA), Universidade Candido Mendes
Plaça Pio X, 7 9º andar, 20040-020 Río de Janeiro - JA
Tel.: (55-21) 2516-7157 • 2518-3129
Fax: (55-21) 2518-2798
<beluce@candidomendes.edu.br>
<http://www.ucam.br/ceaa/inicial.htm>
Director: Beluce BELLUCCI

- Centro de Estudos de Cultura Contemporanea (CEDEC)
Rua Airosa Galvao Nº 64, Barrio Agua Branca, CEP 05002-070, São Paulo SP
Tel.: (55-11) 3871-2966
Fax: (55-11) 3871-2123
<cedec@cedec.org.br>
<http://www.cedec.org.br>
Presidente: Amélia COHN

- Centro de Pesquisa e Pós-Graduação Sobre as Américas (CEPPAC-UnB), Universidad de Brasilia
Campus Universitario Darcy Ribeiro, Prédio Multiuso II 1er. Andar, CEP 70910-900 Brasilia
Tel.: (55-61) 307-2590/2591
Fax: (55-61) 273-3710
<ceppac@unb.br>
<http://www.unb.br/ics/ceppac>
Directora: Elizabeth CANCELLI

- Centro de Recursos Humanos (CRH-UFBA), Universidade Federal da Bahia, Facultad de Filosofía e Ciencias Humanas
Rua Caetano Moura, 99, 1º sub-solo do Prédio do SMURB-UFBA, Federaçao 40210-340 Salvador Bahía
Telefax: (55-71) 245-7636
<crh@ufba.br>
<http://www.ufba.br/~crh>
Directora: María da Graça DRUCK

- Curso de Pos Graduaçao em Desenvolvimento, Agricultura e Sociedade (CPDA/UFRRJ), Universidad Federal Rural do Rio de Janeiro
Av. Presidente Vargas 417, 6º andar, Centro, Río de Janeiro, CEP 20071-003
Tel.: (55-21) 2224-8577
Fax: (55-21) 2252-6627
<cpda@alternex.com.br>
<http://www.ufrrj.br>
<http://www.alternex.com.br/~cpda>
Coordinador: Sergio LEITE

- Departamento de Ciencias Políticas (FFLCH/USP), Faculdade de Filosofia Letras e Ciencias Humanas da Universidade de São Paulo
Av. Prof. Luciano Gualberto, 315, São Paulo
CEP 05508-900
Tel.: (55-11) 3091-3754
Fax: (55-11) 3031-2269
<fflchflp@edu.usp.br>
<http://www.fflch.usp.br/dcp/index.htm>
Jefe de Departamento: Gabriel COHN

- Facultad de Educación (ESE/UFF), Universidad Federal Fluminense
Campus Universitario do Gragoatá Bloco D., CEP 24210-200, Niterói - RJ, Río de Janeiro
Tel.: (55-21) 2620-6935 • 2621-0977
Fax: (55-21) 2717-1281
<educacao@urbi.com.br>
<http://www.uff.br/edu/pos/>
Director: Waldeck CARNEIRO DA SILVA

- Faculdade de Educaçao da Universidade Federal de Minas Gerais (FaE-UFMG)
Av. Presidente Antonio Carlos, 6627, Campus Pampulha
CEP: 31270-901, Belo Horizonte-MG
Tel.: (55-31) 3499-5346
Fax: (55-31) 3499-5300
<dir@fae.ufmg.br>
<http://www.fae.ufmg.br>
Directora: Angela Imaculada LOUREIRO de FREITA DALBEN

- Facultad Latinoamericana de Ciencias Sociales (FLACSO). Programa Brasil
SCN Quadra 06 Bloco A Sala 602 - Ed. Venancio 3000, CEP 70716-900, Brasilia D.F.
Tel.: (55-61) 328-1369
Fax: (55-61) 328-6341
<flabras@zaz.com.br>
<http://www.flacso.org.br>
Director: Ayrton FAUSTO

- Fundaçao do Desenvolvimento Administrativo (FUNDAP), Secretaria de Estado do Governo
Rua Cristiano Viana 429 - 7º Andar, CEP 05411-902, São Paulo SP
Tel.: (55-11) 3066-5586
Fax: (55-11) 3081-9082
<fundap@fundap.sp.gov.br>
<www.fundap.sp.gov.br>
Director Executivo: Neide HAHN

- Grupo de Estudos Interdisciplinares sobre Cultura e Desenvolvimento (GEICD), Universidade Estadual Paulista - UNESP, Faculdade de Ciencias e Letras
Rodovia Araraquara-Jau K.1, Araraquara, Sao Paulo, SAEPE - Sala 06, CEP 14800-901
Tel.: (55-16) 3301-6200 (ramal 6316/6214)
Fax: (55-16) 3301-6258 (ramal 6258)
<geicd@fclar.unesp.br>
<http://www.geicd.org.br>
Coordinador: Luis Fernando AYERBE

- Instituto de Filosofia e Ciências Humanas. Pos-Graduação de Filosofia e Ciências Humanas (IFCH) Universidade Estadual de Campinas
Cidade Universitaria Zeferino Vaz, CP 6110
CEP 13083-970, Campinas - SP
Tel.: (55-19) 3788-1611/1578/1610
Fax: (55-19) 37881609
<algranti@unicamp.br>
<http://www.unicamp.br/ifch>
Directora: Leila ALGRANTI

- Instituto de Pesquisa e Planejamento Urbano e Regional (IPPUR/UFRJ), Universidad Federal do Rio de Janeiro
Prédio da Reitoria, Sala 543, Cidade Universitaria, Ilha do Fundao, CEP 21641-590, Rio de Janeiro
Tel.: (55-21) 2590-1191 • 2290-2112 Ramal 2748/2755
Fax: (55-21) 2564-4046
<ippur@ippur.ufrj.br>
<http://www.ippur.ufrj.br>
Director: Carlos B. VAINER

- Instituto de Pesquisas Sociais Fundação Joaquim Nabuco, Instituto de Pesquisas Sociais (INPSO/FUNDAJ) Ministerio de Educaçao - Governo Federal
Rua Dois Irmãos, 92 - Apipucos, CEP 52071-440 Recife, Pernambuco
Tel.: (55-81) 3441-5537
Fax: (55-81) 3441-4201
<inpso@fundaj.gov.br>
<http://www.fundaj.gov.br/docs/inpso/pesq/inpso.html>
Superintendente: Jorge SIQUIERA

- Instituto Paulo Freire (IPF)
Rua Cerro Corá, 550 cj 22, segundo andar, CEP: 05061-100, Sao Paulo, S.P.
Tel.: (55-11) 3021-5536
Fax: (55-11) 3021-5589
<ipf@paulofreire.org>
<http://www.paulofreire.org>
Director: Moacir GADOTTI

- Instituto de Relaciones Internacionales (IRI/PUC), Pontificia Universidad Católica de Río de Janeiro
Rua Marques de Sao Vicente, 225, casa 19, Vila dos Diretorios, Gavea, CEP 22453-900, Rio de Janeiro
Tel/fax: (55-21) 3114-1557/1558/1560
<iripuc@rdc.puc-rio.br>
<http://www.puc-rio.br/sobrepuc/depto/iri>
Directora: Sonia de CAMARGO

- Instituto Universitario de Pesquisa de Rio de Janeiro (IUPERJ)
Rua da Matriz, 82 - Botafogo, CEP 22260-100 Río de Janeiro, RJ
Tel.: (55-21) 2537-8020
Fax: (55-21) 2286-7146
<fsantos@iuperj.br>
<http://www.iuperj.br>
Director: Fabiano MENDES SANTOS

- Laboratorio de Estudos sobre a Intolerancia (LEI), Faculdade de Filosofia Letras e ciencias Humanas da Universidade de São Paulo
Av. Profesor Lineu Prestes, 338 sala 25 Cidade Universitária, São Paulo - SP, CEP: 05508-900
Tel.: (55-11) 3091-3760/3701
Fax: (55-11) 3032-2314
<lei@usp.br>
<http://www.fflch.usp.br>
Presidente: Anita WAINGORT NOVINSKY

- Laboratorio de Políticas Públicas (LPP/UERJ), Universidade do Estado do Rio de Janeiro
Rua São Francisco Xavier, 524, 2º andar, bloco B, sala 2001, Pavilhão João Lyra Filho, Maracanã, 20.550-013, Rio de Janeiro
Tel.: (55-21) 587-7963
Fax: (55-21) 587-7963
<lpp@uerj.br>
<info@lpp-uerj.net>
<http://www.lpp-uerj.net>
Coordinador General: Emir Simão SADER

- Programa de Pos-Graduação em Antropología Social, Instituto de Filosofia e Ciencias Humanas (IFCH/UFRGS) Universidade Federal do Rio Grande do Sul
Av. Bento Gonçalves 9.500, Prédio 43-311 Sala 64, 91509-900 Porto Alegre, R.S.
Tel/Fax: (55-11) 3316-6644
<ppgas@ifch.ufrgs.br>
<http://www.ufrgs.br/ifch/ppgas>
Coordinador: Maria Eunice MACIEL

- Programa de Pós-Graduação em Ciências Sociais da Filosofia e Ciencias (UNESP/PPGCS/FFC/MARILIA) Faculdade de Filosofia e Ciências, Universidade Estadual Paulista "Júlio de Mesquita Filho"
Campus de Marília, Av. Higyno Muzzi Filho, 737, Caixa Postal 420, 17525-900. Marília, SP
Tel.: (55-14) 3402-1336
Fax: (55-14) 3402-1256
<posgrad@marilia.unesp.br>
<http://www.marilia.unesp.br/ensino/pos-grad/index.htm>
Coordenadora: Ethel VOLFZON KOSMINSKY

- Programa de Pós-Graduação em Geografía (PPGEO-UFF), Departamento de Geografia, Universidad Federal Fluminense, Instituto de Ciencias, Campus da Praia Velmelha
  Av. Litoranea s/n. CEP 24030-340, Niterói, RJ, Rio de Janeiro
  Tel.: (55-21) 2621-6908
  Fax: (55-21) 26205054
  <ggemgeo@yahoo.com.br>
  <posgeo@vm.uff.br>
  <http://www.uff.br/egg/gge/>
  Jefe de Departamento: Marcio PIÑON DE OLIVEIRA

CHILE

- Centro de Estudios en Juventud (CEJU/UCSH), Universidad Católica Cardenal Raúl Silva Henríquez
  San Isidro 287, Santiago Centro, Santiago
  Tel.: (56-2)420-9888
  <msandoval@ucsh.cl>
  <http://www.ucsh.cl>
  Director: Mario SANDOVAL MANRÍQUEZ

- Centro de Investigación y Desarrollo de la Educación (CIDE)
  Erasmo Escala 2728, Santiago Centro, Casilla 13608, Santiago 21
  Tel.: (56-2) 698-7153/6495
  Fax: (56-2) 671-8051
  <cide@cide.cl>
  <http://www.cide.cl>
  Director: Pedro MILOS HURTADO

- Departamento de Investigación (U. ARCIS), Universidad de Arte y Ciencias Sociales
  Erasmo Escala 2728, Santiago Centro
  Tel.: (56-2) 386-6705
  Fax: (56-2) 386-6718
  <vhuerta@universidadarcis.cl>
  <http://www.universidadarcis.cl/investigacion/investiga_secc/dia/centro.htm>
  Directora: Verónica HUERTA

- Facultad Latinoamericana de Ciencias Sociales (FLACSO). Programa Santiago de Chile
  Av. Dag Hammarskjold 3269, Vitacura, Santiago, Casilla 3213 Correo Central, Santiago
  Tel.: (56-2) 290-0200
  Fax: (56-2) 274-1004
  <flacso@flacso.cl>
  <frrojas@flacso.cl>
  <http://www.flacso.cl>
  Director: Francisco ROJAS ARAVENA

- Programa Interdisciplinario de Investigaciones en Educación (PIIE)
  Enrique Richard Nº 3344 - Ñuñoa, Santiago
  Tel.: (56-2) 209-6644
  Fax: (56-2) 204-7460
  <piie@academia.cl>
  <piie@rdc.cl>
  <http://www.piie.cl>
  Director: Pablo VENEGAS CANCINO

COLOMBIA

- Centro de Estudios Sociales (CES/UNC), Facultad de Ciencias Humanas. Universidad Nacional de Colombia
  Carrera 50 27-70 Unidad Académica Camilo, Torres Bloque B5-B6. Ciudad Universitaria, Bogotá
  Tel.: (57-1) 316-5000 ext. 18603/18602
  Fax: (57-1) 316-5137
  <ces@unal.edu.co>
  <http://www.humanas.unal.co/ces>
  Directora: Miriam Jimeno SANTOYO

- Centro de Estudios Socioculturales e Internacionales (CESO), Facultad de Ciencias Sociales. Universidad de los Andes
  Carrera 1era. Este Nº 19-27, Edificio Franco 5º Piso, Bogotá
  Tel.: (57-1) 332-4519
  Fax: (57-1) 339-4949 ext. 3355
  <ceso@uniandes.edu.co>
  <http://faciso.uniandes.edu.co/ceso>
  Director: Álvaro CAMACHO GUIZADO

- Centro de Investigaciones y Documentación Socioeconómica (CIDSE), Fac. de Ciencias Sociales. Universidad del Valle, Calli
  Ciudad Universitaria Meléndez,
  Calle 13 Nº100-00, Edif. 387, 2º Piso, A. A. 25360, Cali
  Tel.: (57-92) 321-2346/2360/2306/2343
  331-5200/330-8960/339-2399
  Tel.: (57-2) 331-5200/321-2346
  Fax: (57-2)339-3221
  <cidse@univalle.edu.co>
  <http://chasqui.univalle.edu.co/cidse/cidse.html>
  Director: Jaime Humberto ESCOBAR MARTÍNEZ

- Centro de Investigaciones y Estudios Avanzados en Niñez, Juventud, Educación y Desarrollo del CINDE y la Universidad de Manizales
  Cra. 23 C Nª 64 - 23 Manizales
  Tel.: (57-6) 8859589
  Fax: (57-6) 8812527
  <doctoradocinde@um.umanizales.edu.co>
  <http://www.cinde.org.co/Espanol.htm>
  Directora: Sara Victoria ALVARADO SALGADO

- Centro de Investigaciones y Proyectos Especiales (CIPE), Facultad de Finanzas y Gobierno y Relaciones Internacionales de la Universidad Externado de Colombia, Calle 12 Nº 0-85 Este, Bogotá
  Tel: (57-1) 342-0288 Ext. 2002/2009
  Fax: (57-1) 341-8715
  <cipe@uexternado.edu.co>
  <africa@uexternado.edu.co>
  <http://www.uexternado.edu.co/estudioinvest/cipe/index.html>
  Coordinador General: Juan Camilo RODRIGUEZ GOMEZ

- Corporación Región
  Calle 55 Nº 41-10, CP 67146, Medellín
  Tel.: (57-4) 216-6822
  Fax: (57-4) 239-5544
  <coregion@region.org.co>
  <http://www.region.org.co>
  Director: Rubén FERNANDEZ

- Departamento de Investigaciones. Universidad Central (DIUC)
  Calle 75 Nº 15-91 6º piso Bogotá
  Tel.: (57-1) 321-1804/1805/1806
  Fax: (57-1) 321-1804
  <diuc@ucentral.edu.co>
  <http://www.central.edu.co/diuc/investigacion.htm>
  Directora: Maria Cristina LAVERDE TOSCANO

- Escuela Nacional Sindical (ENS)
  Calle 51 Nº 55-78 Medellin, Antioquía.
  Dirección Postal: A:A: 12175
  Tel.: (57-4) 513-3100
  Fax: (57-4) 512-2330
  <dgeneral@epm.net.co>
  <http://www.ens.org.co>
  Director General: Luis Norberto RIOS NAVARRO

- Facultad de Estudios Ambientales y Rurales (FEAR-PUJ), Pontificia Universidad Javeriana
  Transversal 4º Nº 42-00. 8º piso, Edificio J. Rafael Arboleda, Bogotá
  Tel.: (57-1) 320-8320 ext. 4848-4833
  Fax: (57-1) 320-8320 ext. 4847
  <eperez@javeriana.edu.co>
  <http://www.javeriana.edu.co/Facultades/fear/>
  Directora: Edelmira PEREZ

- Instituto de Estudios Políticos y Relaciones Internacionales (IEPRI-UN), Universidad Nacional de Colombia
  Edificio de Programas Especiales "Manuel Ancizar" ofic. 303, Ciudad Universitaria
  Apartado Aéreo 14490, Santafé de Bogotá, D.C.
  Tel.: (57-1) 316-5179/5246 ext. 16402/03/414
  Fax: (57-1) 316-5246
  <insepri_bog@unal.edu.co>
  <http://www.unal.edu.co/iepri/>
  Director: Fernando CUBIDES

- Instituto de Estudios Sociales y Culturales PENSAR. Pontificia Universidad Javeriana
  Carrera 7 Nº 39-08, Santafe de Bogotá
  Tel.: (57-1) 320-8320 ext. 5440 y 5441
  Fax: (57-1) 320-8151
  <pensar@javeriana.edu.co>
  <http://www.javeriana.edu.co/pensar>
  Director: Guillermo HOYOS VASQUEZ
  Directora Adm.: Carmen MILLAN de BENAVIDES

- Instituto Popular de Capacitación de la Corporación de Promoción Popular (IPC)
  Carrera 45 D Nº 60-16, Medellín. Dirección Postal: A.A 9690
  Tel.: (57-4) 284-9035 • 254-1515
  Fax: (57-4) 254-3744
  <ipc@corporacionpp.org.co>
  <http://www.ipc.org.co>
  Presidente: José Antonio GIRON SIERRA

COSTA RICA

- Facultad Latinoamericana de Ciencias Sociales (FLACSO). Secretaría General
  Del Automercado Los Yoses, 75 mts. Sur. Entre Av. 0 y Av. 8, Calle 39, Apartado Postal 5429, 1000 San José
  Tel.: (506) 253-0082
  Fax: (506) 234-6696/225-2418
  <flacsosg@sol.racsa.co.cr>
  <svillena@cariari.ucr.ac.cr>
  <http://www.flacso.org>
  <http://www.amerisol.com/costarica/flacsocr.html>
  Secretario General: Wilfredo LOZANO

- Facultad Latinoamericana de Ciencias Sociales (FLACSO). Sede Costa Rica
  Entrada Principal Colegio Abogados 100 mts. Norte 25 mts. Oeste. Casa Blanca de 2 plantas mano derecha. Apartado Postal 11747, 1000 San José
  Tel.: (506) 224-8059
  Fax: (506) 225-2418
  <flacso@flacso.or.cr>
  <http://www.flacso.or.cr>
  Director: Carlos SOJO

- Instituto de Investigaciones Sociales (IIS-UCR), Facultad de Ciencias Sociales, Universidad de Costa Rica
  Ciudad Universitaria "Rodrigo Facio", Código Postal 2060, San José
  Tel.: (506) 207-3505/3301
  Fax: (506) 207-5569
  <iisucr@cariari.ucr.ac.cr>
  <http://iis.ucr.ac.cr>
  Directora: Ciska RAVENTOS VORST

CUBA

- Centro de Estudios Martianos (CEM)
  Calle Calzada Nº 807, esquina calle 4. El Vedado, Plaza de la Revolución. La Habana. 10400
  Tel.: (537) 833-2203
  Fax: (537) 833-3721
  <amarti@ceniai.inf.cu>
  <amarti@cubarte.cult.cu>
  <http://www.josemarti.cu>
  Director: Rolando GONZALEZ PATRICIO

- Centro de Estudios sobre Africa y Medio Oriente (CEAMO)
  Av. Tercera Nº 1805 e/18 y 20, Miramar, Playa, Ciudad de La Habana
  Tel.: (537) 202-1222/2902
  Fax: (537) 204-1435 aclarar que el fax es para el CEAMO
  <ceamo@cee.co.cu>
  Directora: Clara Margarita PULIDO ESCANDELL

- Centro de Estudios sobre América (CEA)
  Calle 18 Nº 316, entre 3º y 5º Avenida, Miramar, Playa, Ciudad de La Habana CP 11300
  Tel/Fax: (537) 209-6688 • 204-2716
  <cea@cea.org.cu>
  Director: Adalberto RONDA VARONA

- Centro de Estudio y Superación Posgraduada de la ANEC (CESPANEC)
  Calle 22 Nº 901 esq. 9ª, Miramar, Playa, Ciudad de La Habana, Cuba CP. 11300
  Tel.: (53-7) 204-1804/209-3303/2084
  Fax: (53-7) 22-3456
  <anec@info.get.tur.cu>
  <mabel@info.get.tur.cu>
  <http://www.eleconomista.cubaweb.cu>
  Directora: Blanca Mabel MENENDEZ MORAGUEZ

- Centro de Investigación de Economía Internacional (CIEI). Universidad de La Habana
  Av. 7ma. 609 entre 6 y 10, Miramar, Ciudad de la Habana, C.P. 11300
  Tel.: (537) 209-1408
  Fax: (537) 204-0869
  <ciei@uh.cu>
  Director: Lázaro PEÑA CASTELLANOS

- Centro de Investigación y Desarrollo de la Cultura Cubana "Juan Marinello" (CIDCC)
  Av. Rancho Boyeros Nº 63 entre Bruzón y Lugareño, Plaza de la Revolución La Habana, C.P. 10600
  Tel.: (537) 877-5771 • 861-9466/9479
  Fax: (537) 877-5196
  <cidcc@cubarte.cult.cu>
  <http://www.cubarte.cult.cu>
  Director: Pablo PACHECO LOPEZ

- Centro de Investigaciones "Memoria Popular Latinoamericana" (MEPLA)
  Calle 13 Nº 504 e/D y E, Vedado, La Habana, 10400
  Tel.: (537) 832-2154
  Fax: (537) 833-3075
  <mepla@enet.cu>
  Directora: Maria Marta HARNECKER CERDA

- Centro de Investigaciones Psicológicas y Sociológicas (CIPS)
  Calle B Nº 352 esq. 15, Vedado, Plaza, La Habana, 10400
  Tel.: (537) 833-5366 • 830-1451
  Fax: (537) 33-4327
  <cips@cips.cu>
  <http://www.cips.cu>
  Director: José LÁZARO HERNÁNDEZ GIL

- Departamento de Historia, Facultad de Filosofía e Historia, Universidad de La Habana
  Casa Fernando Ortíz, Calle L y 27 Nº 160, Vedado, Ciudad de La Habana
  Tel.: (53-7)832-3200
  Fax: (53-7)832-9115
  <dhistoria@ffh.uh.cu>
  <serguev@ffh.uh.cu>
  <http://www.ffh.uh.cu>
  Jefe de Departamento: Sergio GUERRA VILABOY

ECUADOR

- Centro Andino de Acción Popular (CAAP)
  Martín de Utreras 733 y Selva Alegre, Apartado 17-15-173-B, Pichincha, Quito
  Tel.: (593-2) 252-2763/3262
  Fax: (593-2) 256-8452
  <caap1@caap.org.ec>
  <http://www.ecuanex.apc.org/caap>
  Director Ejecutivo: Francisco RHON DAVILA

- Centro de Investigaciones (CIUDAD)
  Calle Fernando Meneses 24-57 y Av. La Gasca. Casilla 17-08-8311, Quito
  Tel.: (593-2) 222-5198/7091
  Fax: (593-2) 250-0322
  <confe@ciudad.ecuanex.net.ec>
  <http://www.ciudad.org.ec>
  Director: Mario VASCONEZ

- Facultad Latinoamericana de Ciencias Sociales (FLACSO). Programa Quito
  Ulpiano Páez 118 y Av. Patria. Casilla 17-11-06362, Quito
  Tel.: (593-2) 223-2030/2031/2033 • 252-8200
  Fax: (593-2) 256-6139
  <flacso@flacso.org.ec>
  <fcarrion@flacso.org.ec>
  <http://www.flacso.org.ec>
  Director: Fernando CARRION MENA

Instituto de Estudios Ecuatorianos (IEE)
San Ignacio 134 y 6 de diciembre oficina 2, 1° piso, Quito
Tel.: (593-2) 250-4496/290-4098
<iee@iee.ecuanex.net.ec>
<http://www.ecuanex.net.ec/iee.htm>
Directora Ejecutiva: Ana María LARREA

Instituto de Investigaciones de la Universidad de Cuenca (IDIUC)
Av. 12 de abril y Agustión Cueva (Ciudadela Universitaria), Cuenca, 01.01.1566, Casilla Postal
Tel.: (593-7) 281-5999
Fax: (593-7) 284-3719
<idiuc@ucuenca.edu.ec>
<http://rai.ucuenca.edu.ec/investigaciones/investigaciones.htm>
Director: Arturo CARPIO RODAS

Programa de Estudios Latinoamericanos, Universidad Andina Simón Bolívar (UASB). Sede Ecuador
Calle Toledo N° 22-80, plaza Brasilia, Quito
Tel.: (593-2) 256-1061 • 250-8150 • 255-6405
Fax: (593-2)250-8156
<uasb@uasb.edu.ec>
<http://www.uasb.edu.ec/lauasb>
Coordinador: César MONTUFAR

EL SALVADOR

Facultad Latinoamericana de Ciencias Sociales (FLACSO). Programa El Salvador
Novena Calle Poniente N° 3807, Colonia Escalón, entre 73° y 75°. Norte San Salvador, El Salvador, Centro América
Tel.: (503) 223-4360 • 254-1510
Fax: (503) 245-1511
<flacsoelsalvador@flacso.org.sv>
<director@flacso.org.sv>
<http://www.flacso.org.sv>
Director: Carlos Roberto BRIONES CANIZALEZ

GUATEMALA

Facultad Latinoamericana de Ciencias Sociales (FLACSO). Programa Guatemala
5ª Avenida 6 - 23 zona 9, Guatemala, Ciudad 01009
Tel.: (502) 362-1431 al 33 • 362-9170/80/90
Fax: (502) 332-6729
<flacsoguate@flacso.edu.gt>
<http://www.flacso.edu.gt>
Director: Víctor GALVEZ BORRELL

HAITI

Centre de Recherche et de Formation Economique et Sociale pour le Developpement (CRESFED)
10, Rue Jn-Baptiste, Canapé-Vert, Port-au-Prince, Adresse Postale 15294, Petion-Ville
Tel.: (509) 245-2828/3100
Fax: (509) 245-2759
<cresfed@rehreh.haiti.net>
<sucastor@yahoo.com>
Directora: Suzy CASTOR

HONDURAS

Centro de Documentación de Honduras (CEDOH)
Colonia Tres Caminos, 3ª Avenida, 1ª y 2ª calle, Casa 2626, Tegucigalpa Apartado Postal N° 1882, Tegucigalpa
Tel.: (504) 232-3708 / 3265
<cedoh@multivisionhn.net>
<http://www.cedoh.hn2.com>
Director Ejecutivo: Víctor MEZA

Postgrado Latinoamericano en Trabajo Social (PLATS), Universidad Nacional Autónoma de Honduras
4° piso, Edificio 4 "A", Universidad Autónoma de Honduras. Dirección Postal: U-8834
Tel.: (504) 239-4225
Fax: (504) 239-4225
<plasunah@yahoo.es>
<http://www.plats-hn.org/principal.html>
Directora: Elsa Lily CABALLERO ZEITUN

MEXICO

Centro de Ciencias Sociales y Humanidades (CCSyH/UAA), Univ. Autónoma de Aguascalientes
Av. Universidad 940 Edif. 8, 20100, Aguas Calientes
Tel.: (52-449) 910-8480
Fax: (52-449) 910-8479
<decaccsh@correo.uaa.mx>
<http://www.uaa.mx/dgip/index.htm>
Decano: José A. ORTIZ GARZA

Centro de Estudios de Asia y África (CEAA/COLMEX), El Colegio de México
Camino al Ajusco N° 20, Colonia Pedregal de Santa Teresa, México 10740 D.F.
Apartado Postal 20671 San Angel
Tel.: (52-555) 449-3025 ext. 4108
Fax: (52-555) 645-0464
<direccion.ceaa@colmex.mx>
<http://www.colmex.mx/centros/ceaa/>
Director: Juan José RAMIREZ BONILLA

- Centro de Estudios Demográficos y de Desarrollo Urbano (CEDDU/COLMEX), El Colegio de México
  Camino al Ajusco Nº 20, Col. Pedregal Santa Teresa, 10740 México, D.F.
  Tel.: (52-555) 449-3000
  Fax: (52-555) 645-0464
  <jlezama@colmex.mx>
  <direccion.ceddu@colmex.mx>
  <http://www.colmex.mx/centros/ceddu>
  Director: José Luis LEZAMA

- Centro de Estudios Internacionales (CEI/COLMEX), El Colegio de México
  Camino al Ajusco Nº 20, Col. Pedregal Santa Teresa, 10740 México, D.F.
  Tel.: (52-555) 449-3000
  Fax: (52-555) 645-0464
  <mcpardo@colmex.mx>
  <http://www.colmex.mx/centros/cei>
  Directora: María del Carmen PARDO

- Centro de Estudios Sociológicos (CES/COLMEX), El Colegio de México
  Camino al Ajusco Nº 20, Col. Pedregal Santa Teresa, 10740 México, D.F.
  Tel.: (52-555) 449-3000 ext. 4099
  Fax: (52-555) 645-0464
  <gverduz@colmex.mx>
  <direccion.ces@colmex.mx>
  <http://www.colmex.mx/centros/ces>
  Director: Gustavo VERDUZCO IGARTUA

- Centro de Investigación en Ciencias Sociales (CICSUG), Universidad de Guanajuato
  Lascurain de Retana Nº 5, 3º piso, 36000, Guanajuato
  Tel.: (52-473) 732-0006 ext. 4117/4119
  Fax: (52-473) 732-4092
  <cicsug@quijote.ugto.mx>
  <http://www.csh.ugto.mx/cicsug/>
  Director: Luis Miguel RIONDA RAMÍREZ

- Centro de Investigaciones Interdisciplinarias en Ciencias y Humanidades (CEIICH-UNAM), Universidad Nacional Autónoma de México
  Torre II de Humanidades 4º piso, Ciudad Universitaria, México 04510 D.F., A.P. 70-453
  Tel.: (52-555) 550-6702 • 623-0026
  Fax: (52-555) 616-2988
  <danielcm@servidor.unam.mx>
  <ceichc@servidor.unam.mx>
  <http://www.unam.mx/ceiich>
  Director: Daniel CAZES MENACHE

- Centro de Investigación y Docencia Económica (CIDE)
  Carretera México - Toluca Nº 3655, col. Lomas de Santa Fe C.P. 01210, Delegación Alvaro Obregón, México D.F.
  Tel.: (52-555) 727-9800 ext. 2410/2121
  Fax: (52-555) 727-9885
  <enrique.cabrero@cide.edu.mx>
  <http://www.cide.mx>
  Director General: Enrique CABRERO MENDOZA

- Centro Interdisciplinario de Investigación en Administración y Ciencias Sociales (CI ACSO/TEC) Instituto Tecnológico y de Estudios Superiores de Monterrey
  Carretera al Lago de Guadalupe Km.3.5, Colonia Margarita Maza de Juárez Atizapán de Zaragoza, Estado de México, C.P. 52926
  Tel.: (52-81) 5864-5606 • 5864-5555 ext. 3189
  Fax: (52-81) 5864-5751
  <ciacso@campus.cem.itesm.mx>
  Director: Kande MUTSAKU KANILAMBA

- Centro Regional de Investigaciones Multidisciplinarias (CRIM/UNAM), Universidad Nacional Autónoma de México, Campus Morelos
  Av. Universidad s/n Cto. 2 Cd. Univ. Col. Chamilpa, Cuernavaca, Morelos 62210, D.F. Apartado Postal 4-106
  Tel.: (52-777) 313-0316
  Fax: (52-777) 317-5981
  <crim@servidor.unam.mx>
  <http://www.crim.unam.mx>
  Directora: Ana María Chávez Galindo

- Centro Universitario de Ciencias Sociales y Humanidades (CUCSH), Universidad de Guadalajara
  Guanajuato 1045, Guadalajara, Jalisco CP 44260
  Tel.: (52-33) 3819-3333/3300/3307
  Fax: (52-33) 3853-9092
  <jmduran@csh.udg.mx>
  <cucsh@fuentes.csh.udg.mx>
  <http://www.cucsh.udg.mx>
  Rector: Juan Manuel DURAN JUÁREZ

- Centro Universitario de los Altos (CUALTOS/U. de G.), Universidad de Guadalajara
  Km. 7.5 Carretera Yahualica, Apartado Postal Nº 58 Código 47600, Tepaitlán de Morelos Jalisco
  Tel.: (52-333) 782-8033/34/35/36
  Fax: (52-333) 782-8037
  <amacias@cualtos.udg.mx>
  <http://www.cualtos.udg.mx>
  Rector: Armando MACIAS MARTINEZ

- Departamento de Ciencias Sociales y Políticas. Universidad Iberoamericana (UIA)
  Prol. Paseo de la Reforma Nº 880, COL. Lomas de Santa Fé, 01210 - México D.F.
  Tel.: (52-55) 5950-4000
  Fax: (52-55) 5917-4400
  <carmen.bueno@uia.mx>
  <http://www.uia.mx/ibero/prog/deptos/sociales/default.html>
  Directora: Carmen BUENO CASTELLANOS

- División de Ciencias Sociales y Humanidades (DCSH/UAM-A), Universidad Autónoma Metropolitana
Delegación Azcapotzalco
Col. Reynosa Tamaulipas, Avda. San Pablo 180, Apartado Postal 16-306, 02200 México, D.F.
Tel.: (52-555) 382-4043/5000
Fax: (52-555) 724-4301
<rarr@correo.azc.uam.mx>
<http://www-azc.uam.mx>
Director: Guillermo EGEA MENDOZA

- División de Ciencias Sociales y Humanidades (DCSH/UAM-I), Universidad Autónoma Metropolitana
Delegación Iztapalapa
Av.Michoacán y Purísima, Col.Vicentina C.P. 09340 Iztapalapa, Apartado Postal 55-536 09000 México, D.F.
Tel.: (52-555) 612-5682
Fax: (52-555) 723-6380
<csh@xanum.uam.mx>
<http://www.iztapalapa.uam.mx>
Director: Rodrigo DIAZ CRUZ

- División de Ciencias Sociales y Humanidades (DCSH/UAM-X), Universidad Autónoma Metropolitana
Unidad Xochimilco
Calzada del Hueso 1100, Colonia Villa Quietud, 04960, Coyoacán, DF, Apartado Postal: 31-181, 16000 Xochimilco, DF, México
Tel.: (52-55) 5483-7050
Fax: (52-55) 5483-7415/5594-6325
<dcsh@cueyatl.uam.mx>
<http://cueyatl.uam.mx/uam/organizacion/divsf.html>
Presidente: Arturo ANGUIANO OROZCO

- El Colegio de Sonora (COLSON)
Av. Obregón Nº 54, Col. Centro Hermosillo, Sonora, C.P. 83000, México
Tel.: (52-662) 213-1764/217-33-38
Fax: (52-662) 212-5021
<colson@colson.edu.mx>
<http://www.colson.edu.mx>
Rectora: Kathleen Ann DENMAN CHAMPION

- Facultad de Economía de la Benemérita Universidad Autónoma de Puebla (FE/BUAP)
Av. San Claudio y 22 sur. Col. San Manuel. C.P. 72570, Puebla
Tel.: (52-22) 2229-5500 ext. 7802/29-5605
Fax: (52-22) 2229-5605
<dante_mendez@mexico.com>
<facecono@siu.buap.mx>
<mimizr@starmedia.com>
<http://eco.buap.mx/>
Director: Dante MENDEZ JIMENEZ

- Facultad Latinoamericana de Ciencias Sociales (FLACSO). Programa México
Carretera del Ajusco Km.1.5, Nº 377, Delegación Álvaro Obregón 01800 Col. Héroes de Padierna, Delegación Tlalpan, 14.200 México D.F. Apartado Postal 20-021, 01000 México, D.F.
Tel.: (52-555) 631-7246/7891/7737
Fax: (52-555) 631-6609
<flacso@servidor.unam.mx>
<http://www.unam.mx/flacso>
Directora: Giovanna VALENTI NIGRINI

- Instituto de Investigaciones Económicas (IIEC/UNAM), Universidad Nacional Autónoma de México
Torre II de Humanidades, 1º Piso, Ciudad Universitaria (04510), México
Tel.: (52-555) 623-0128/0129
Fax: (52-555) 623-0092
<secacd@servidor.unam.mx>
<http://www.iiec.unam.mx>
Director: Jorge BASAVE KUNHARDT

- Instituto de Investigaciones Histórico-Sociales (IIH-S), Universidad Veracruzana
Diego Leño Nº 8, Xalapa, CP 91000, Veracruz
Tel/Fax: (52-228) 812-4719
<iihs@uv.mx>
<http://www.uv.mx/invest/institutos/inst_inv_hist_soc.html>
Director: Alberto OLVERA RIVERA

- Instituto de Investigaciones Sociales (IIS/UNAM), Universidad Nacional Autónoma de México
Circuito Maestro Mario de la Cueva, Ciudad Universitaria, Coyoacán 04510 México, D.F.
Tel.: (52-555) 622-7400 ext. 300 • 622-7510 ext. 294
Fax: (52-555) 665-2443
<iis@servidor.unam.mx>
<http://www.unam.mx/iisunam>
Director: René MILLAN VALENZUELA

- Programa de Posgrado en Estudios Latinoamericanos. Universidad Nacional Autónoma de México, Facultad de Filosofía y Letras, Área de Coordinaciones de Posgrado Cubículo Nº 9, Ciudad Universitaria, C.P.04510 México, D.F.
Tel.: (52-55) 5622-1836, 97 Ext. 114
Fax: (52-55) 5622-1843
<latinoamericanos@dgep.posgrado.unam.mx>
<http://www.posgrado.unam.mx/latinoamericanos>
Coordinadora: Norma DE LOS RIOS

- Programa de Posgrado en Sociología del Instituto de Ciencias Sociales y Humanidades (ICSyH-BUAP)
Benemérita Universidad Autónoma de Puebla
2 oriente 410, Centro Histórico, Ciudad de Puebla, México, D.F. CP 72000
Tel.: (52-2) 229-5500 Ext. 5707, 5708
Fax: (52-2) 229-5500 Ext. 5707 • 229-5681
<cfiguero@siu.buap.mx>
<http://www.buap.mx/investigacion/icsyh/sociolo.htm>
Coordinador: Carlos FIGUEROA IBARRA

- Universidad de la Ciudad de México (UCM)
  Fray Servando Teresa de Mier Nº 99 Col. Centro. C.P. 06080 Delegación Chuatemoc, México, D.F.
  Tel.: (52-555) 5761-4258/55 • 5578-5208
  Fax: (52-555) 5761-4024
  <rectoria_ucm@df.gob.mx>
  <http://www.ucm.df.gob.mx>
  Rector: Manuel PEREZ ROCHA

- Universidad Pedagógica Nacional-Hidalgo (UPN-Hidalgo)
  Carretera México-Pachuca, kilómetro 84.5 s/n, Colonia Venta Prieta, Pachuca de Soto, Hidalgo 42.000
  Tel.: (52-771) 711-1174
  Fax: (52-771) 711-3849
  <upnhgo@prodigy.net.mx>
  <http://www.hidalgo.gob.mx>
  Director General: Fernando CUATEPOTZO COSTEIRA

NICARAGUA

- Departamento de Ciencias Sociales, Universidad Centroamericana
  Frente a UNI, Managua. Dirección Postal: Apartado Postal 69, Managua
  Tel/Fax: (5005-2) 78-3923 ext. 180
  <lserra@ns.uca.edu.ni>
  Director: Luis SERRA VAZQUEZ

- Instituto de Investigación y Desarrollo (IID Nitlapán-UCA)
  Universidad Centroamericana
  frente a Radio Yá. Managua. Apartado Postal A-242
  Tel.: (505-2) 278-1343/4
  Fax: (505-2) 267-0436
  <secnitla@ns.uca.edu.ni>
  <cedoc@ns.uca.edu.ni>
  <http://www.uca.edu.ni/institutos/nitlapan/index.html>
  Director: Arturo GRIGSBY

PANAMA

- Centro de Estudios Latinoamericanos "Justo Arosemena" (CELA)
  Calle 55 Nº 23 PB, El Cangrejo (frente a Piñatas Flormarili), Apartado 87-1918 Panamá 7, R. De Panamá
  Tel/Fax: (507) 223-0028 • 269-2032
  <celaja@pty.com>
  Subsecretaría Ejecutiva: Keila RODRIGUEZ
  Presidenta Comité Directivo: Carmen A. MIRÓ

PARAGUAY

- BASE - Investigaciones Sociales (BASE-IS)
  Ayolas 807 esq. Humaitá, Casilla de Correo 2917, Asunción
  Tel.: (595-21) 45-1217
  Fax: (595-21) 49-8306
  <baseis@baseis.org.py>
  <http://www.baseis.org.py>
  Directora: Myriam YORE

- Centro de Documentación y Estudios (CDE)
  Cerro Corá 1426 entre Paí Pérez y Perú. Casilla de Correo 2558, Asunción
  Tel.: (595-21) 22-5000 • 20-4295
  Fax: (595-21) 21-3246
  <cde@cde.org.py>
  <sociogre@cde.org.py>
  <http://www.cde.org.py>
  Directora: Dania PILZ

- Centro de Estudios Rurales Interdisciplinarios (CERI)
  Cruz del Defensor 1816 esq. José Martí, Asunción. Casilla de Correo N°2975
  Tel./Fax: (595-21) 60-7580
  <ceri@sce.cnc.una.py>
  <http://www.ceri.org.py>
  Director: Carlos MORA STANLEY

- Centro Paraguayo de Estudios Sociológicos (CPES)
  Eligio Ayala 973, Casilla de Correo 2157, Asunción
  Tel.: (595-21) 44-3734/0885
  Fax: (595-21) 44-6617
  <cpes@cpes.org.py>
  <http://www.cpes.org.py>
  Director: Luis GALEANO

PERU

- Centro de Estudios para el Desarrollo y la Participación (CEDEP)
  Av. José F. Sánchez Carrión 790, (ex Pershing), Magdalena del Mar, Apartado 110201, Lima 11
  Tel.: (51-1) 463-0099 • 460-2855 • 461-5598
  Fax: (51-1) 461-6446
  <cedeplima@terra.com.pe>
  <cedepac@terra.com.pe>
  <fewong@terra.com.pe>
  Director: Félix WONG CARPIO

- Centro de Estudios Regionales Andinos (CBC) "Bartolomé de las Casas"
  Av. Tullumayo 465, Apartado 477, Cusco
  Tel.: (51-84) 23-3472/6494/3466 • 22-2524
  Fax: (51-84) 24-1319
  Casa Campesina: (51-84) 23-3466
  <mzp@apu.cbc.org.pe>
  <http://www.cbc.org.pe>
  Director General: Marcos ZEISSER

- Centro de Estudios Sociales Solidaridad (CESS)
  Av. Leoncio Prado 443, Apartado 212, Chiclayo
  Tel.: (51-74) 23-5013
  Fax: (51-74) 24-3034
  <solidaridad@cess.org.pe>
  <http://www.cess.org.pe/>
  Presidente: Angel FERNANDEZ DE LA GALA

- Centro de Estudios y Promoción del Desarrollo (DESCO)
León de la Fuente 110, Magdalena del Mar, Lima 17
Tel.: (51-1) 613-8300
Fax: (51-1) 613-8308
<postmaster@desco.org.pe>
<http://www.desco.org.pe>
Director: Julio GAMERO REQUENA

- Centro de Investigaciones Sociales, Económicas, Políticas y Antropológicas, (CISEPA-PUCP) Pontificia Universidad Católica del Perú
Av. Universitaria c.18, San Miguel, Lima 32, Apartado Postal 1761, Lima 100
Tel.: (51-1) 460-2870 int. 212-214
Fax: (51-1) 261-0670
<cisepa@pucp.edu.pe>
<dptoccss@pucp.edu.pe>
<http://www.pucp.edu.pe/invest/centros/cisepa.html>
Director: Jean Marie ANSION

- Centro de Investigación Social y Educación Popular (ALTERNATIVA)
Jr. Emeterio Pérez 348, Urb. Ingeniería - San Marín de Porres, Lima 31, Perú
Tel.: (51-1) 481-5801 • 481-1585
Fax: (51-1) 481-6826
<pina@alter.org.pe>
<direcc@alter.org.pe>
<http://www.alter.org.pe>
Directora: Miyaray BENAVENTE ERCILLA

- Centro de Investigación y Promoción del Campesinado (CIPCA)
Calle San Ignacio de Loyola 300, Urb. Miraflores, Apartado 305 (Nº 30), Piura
Tel.: (51-74) 34-3022
Fax: (51-74) 34-2965
<cipca@cipca.org.pe>
<http://www.cipca.org.pe>
Director Ejecutivo: Maximiliano RUIZ

- Centro de la Mujer Peruana "Flora Tristán"
Parque Hernán Velarde Nº 42, Lima 1
Tel.: (51-1) 433-1457/2765/9060
Fax: (51-1) 433-9500
<postmast@flora.org.pe>
<flora@flora.org.pe>
<http://www.flora.org.pe>
Directora: Eda AGUILAR SAMANAMUD

- Centro Peruano de Estudios Sociales (CEPES)
Av. Salaverry Nº 818 - Jesús María, Lima 11
Tel.: (51-1) 433-6610
Fax: (51-1) 433-1744
<jrheinec@cepes.org.pe>
<cepes@cepes.org.pe>
<http://www.cepes.org.pe>
Director: Juan RHEINECK PICCARDO

- Instituto de Estudios Peruanos (IEP)
Horacio Urteaga 694 - Jesus María, Lima 11
Tel.: (51-1) 332-6194 • 424-4856 • 431-6603
Fax: (51-1) 332-6173
<trivelli@iep.org.pe>
<postmaster@iep.org.pe>
<http://www.iep.org.pe>
Directora General: Carolina TRIVELLI

- Grupo de Análisis para el Desarrollo (GRADE)
Av. Del Ejército 1870, San Isidro, Lima 27, Apartado Postal 18-05-72, Lima 18
Tel.: (51-1) 264-1780
Fax: (51-1) 264-1882
<postmaster@grade.org.pe>
<http://www.grade.org.pe>
Director Ejecutivo: Santiago CUETO

PUERTO RICO

- Centro de Estudios de la Realidad Portorriqueña (CEREP)
Apartado Postal 22200 - Estación Correos U.P.R., Río Piedras 00931 - 3344
Tel.: (1-787) 765-4265
<nmedina@upracd.upr.clu.edu>
Directora Ejecutiva: Nilsa MEDINA

- Centro de Investigaciones Sociales (CIS), Facultad de Ciencias Sociales, Universidad de Puerto Rico
PO Box 23345, San Juan - 00931-3345
Tel.: (1-787) 764-0000 ext. 4271/5719/1348
Fax: (1-787) 751-1034/764-3625
<cis@rrpac.upr.clu.edu>
Director: Emilio GONZÁLEZ DÍAZ
Decano: Carlos Severino VALDEZ

REPUBLICA DOMINICANA

- Facultad Latinoamericana de Ciencias Sociales (FLACSO), Programa República Dominicana
C/José Joaquín Pérez 106. Gazcue. Santo Domingo, Distrito Nacional
Tel.: (1) 809-686-3654/3664
Fax: (1) 809-686-4044
<comite.flacso@codetel.net>
Director: Rubén SILIE

URUGUAY

- Centro de Informaciones y Estudios del Uruguay (CIESU)
Maldonado 1858, 11.200 Montevideo
Tel.: (598-2) 418-3205 • 419-9372
Fax: (598-2) 418-0762
<ciesu@chasque.apc.org>
Secretario Ejecutivo: José FERNÁNDEZ

- Centro Latinoamericano de Economía Humana (CLAEH)
Zelmar Michelini 1220, Casilla de Correo 5021, 11.100 Montevideo
Tel.: (598-2) 900-7194
Fax: (598-2) 902-1127
<info@claeh.org.uy>
<http://www.claeh.org.uy>
Director: Pablo CAYOTA

- Departamento de Economía (DE), Facultad de Ciencias Sociales, Universidad de la República
José Enrique Rodó 1854, 11.200, Montevideo
Tel.: (598-2) 401-7707/8438 • 409-2973
Fax: (598-2) 408-1917
<postmaster@decon.edu.uy>
<http://decon.edu.uy/>
Director: Marcel VAILLANT

- Departamento de Sociología (DS), Facultad de Ciencias Sociales, Universidad de la República
J. E. Rodó 1860-66, 11.200 Montevideo
Tel.: (598-2) 409-7879/1524
Fax: (598-2) 408-9665
<secso@fcssoc.edu.uy>
<http://www.rau.edu.uy/fcs/soc>
Director: Enrique MAZZEI

- Instituto Cuesta Duarte Plenario Intersindical de Trabajadores. Congreso Nacional de Trabajadores. (PIT-CNT)
18 de Julio 2190, CP 11200, Montevideo
Tel.: (598-2) 409-4175 • 409-6680
Fax: (598-2) 400-4160 • 409-6680
<icudu@montevideo.com.uy>
<http://www.chasque.net/icudu>
Presidente: Jorge CASTRO

- Instituto de Ciencia Política (ICP), Facultad de Ciencias Sociales, Universidad de la República
Emilio Frugoni 1385, Montevideo 11200
Tel.: (598-2) 409-8168
Fax: (598-2) 400-6812
<gcaetano@fcs1.fcs.edu.uy>
<http://fcs1.fcs.edu.uy/icp/>
Director: Gerardo CAETANO

VENEZUELA

- Centro de Estudios de la Mujer (CEM-UCV), Universidad Central de Venezuela
Centro Comercial Los Chaguaramos 10º piso, of. 10-4 Av. Neverí, Los Chaguaramos. Caracas 1041-A
Tel.: (58-212) 693-3286
Fax: (58-212) 693-3286
<cem_ucv@yahoo.com>
<http://cem.tripod.com.ve>
Directora: Magdalena VALDIVIESO

- Centro de Estudios del Desarrollo (CENDES/UCV), Universidad Central de Venezuela
Av Neveri, Edif. Fundavac, Colinas de Bello Monte, Caracas 10410-A
Tel.: (58-212) 753-1090/3089/3198/3775/3862
Fax: (58-212) 751-2691
<cendes@reacciun.ve>
<upcendes@reacciun.ve>
<http://www.cendes-ucv.edu.ve>
Directora: Carmen GARCIA GUADILLA

- Centro de Estudios Latinoamericanos Rómulo Gallegos (CELARG)
Av. Luis Roche y 4ª Transversal, Altamira, Caracas 1062
Dirección Postal: Apdo. 69.132, Caracas
Tel.: (58-212) 285-2644/2721 • 286-8236
Fax: (58-212) 285-4680
<celarg2@reacciun.ve>
<relaciones@celarg.org.ve>
<http://www.celarg.org.ve>
Presidente: Roberto HERNANDEZ MONTOYA

- Instituto de Investigaciones Económicas y Sociales (FACES), Universidad Central de Venezuela
Residencia A-1, Av. Del Rectorado 3º piso Dirección Ciudad Universitaria, Caracas 1040
Tel.: (58-212) 605-2523/29
Fax: (58-212) 605-2523/29
<iies@server1.ucv.edu.ve>
<http://www.faces.ucv.ve/instituto>
Director: José Rafael ZANONI

- Instituto Venezolano de Estudios Sociales y Políticos (INVESP)
Calle Las Flores-Parte Alta, Nº 223, Urb. Pan de Azúcar, Carrizal, Edo. Miranda, Caracas
Tel./Fax: (58-212) 383-4746
<invesp@cantv.net>
<http://www.hri.ca/partners/invesp/index.html>
Directora: Francine JACOME

- Laboratorio de Ciencias Sociales (LACSO)
Av. Agustín Codazzi quinta Lacso, Santamónica, Caracas 1040, Apartado Postal 47-795
Caracas 1041-A, Venezuela
Tel.: (58-212) 693-1765 • 661-1094
Fax: (58-212) 693-1765
<lacso@reacciun.ve>
<rbriceno@reacciun.ve>
<http://www.lacso.org.ve>
Director: Roberto BRICEÑO LEON

CENTROS AD REFERENDUM DE LA ASAMBLEA

COLOMBIA

- Instituto de Estudios Políticos (IEP), Universidad Antioquia
  Calle 67 Nº 53-108. Bloque 14. Oficina 209, Medellin. Dirección Postal: 1226
  Tel.: (574) 210-5690
  Fax: (574) 210-5960
  <iepdir@quimbaya.udea.edu.co>
  <http://quimbaya.udea.edu.co/~iep/>
  Director: Manuel Alberto ALONSO ESPINAL

COSTA RICA

- Departamento Ecuménico de Investigaciones (DEI)
  50 mts oeste y 75 mts norte del Mas X Menos de Sabanilla. Diagonal a Condominios Isabel. Dirección Postal: 390-2070, Sabanilla, San José
  Tel.: (506) 253-9124/0229
  Fax: (506) 253-1541
  <asodei@racsa.co.cr>
  Director: Pablo Richard GUZMAN

CUBA

- Fundación Antonio Núñez Jiménez de la Naturaleza y el Hombre (FANJNH)
  5ta. B Nº 6611 entre 66 y 70, Miramar, Playa, C.P. 11600, Ciudad de La Habana
  Tel.: (537) 209-2885/2887 y 204-2985
  Fax: (537) 204-2438
  <presidencia@fanj.cult.cu>
  <http://www.fanj.cult.cu/>
  Presidenta: Lupe VELIS DE NÚÑEZ JIMÉNEZ

MEXICO

- El Colegio de Michoacán, A.C. (COLMICH)
  Martínez de Navarrete 505 esq. Av. Del Arbol Col. Las Fuentes, 59690 - Zamora, Mich. México
  Tel.: (52-351) 515-7100 Presidencia: ext. 1100
  Fax: (52-351) 515-7100 ext. 1102
  <presiden@colmich.edu.mx>
  <http://www.colmich.edu.mx>
  Presidente: Rafael DIEGO FERNANDEZ

- El Colegio de Tlaxcala, A.C., (COLTLAX)
  Av. Melchor Ocampo Nº 28, San Pablo Apetatitlán, Tlax., México, 90600
  Tel.: (52-246) 464-5874/7725/7726
  Fax: (52-246) mismos números ext. 217 y 218
  <coltlax@prodigy.net.mx
  Presidente: Alfonso MACIAS LAYLLE

- Instituto de Investigaciones Dr. José Ma. Luis Mora (Instituto Mora)
  Plaza Valentín Gómez Farías Nº 12, Col. San Juan Mixcoac, Código Postal 03730, Delegación Benito Juaréz, México, Distrito Federal
  Tel.: (52-555) 598-3777 ext. 1136
  Fax: (52-555) 598-5081
  <udireccion@mora.edu.mx>
  <http://www.institutomora.edu.mx>
  Director General: Santiago PORTILLA GIL DE PARTEARROYO

BIBLIOGRAFÍA

Clyde, L. A. "Continuing Professional Education for the Information Society" in *IFLA Journal* Vol. 29, N° 1, pp. 18-24. <http://www.ifla.org/V/iflaj/ij-1-2003.pdf> (verificado en enero 2004).

Ezeiza Pohl 2003 *Lineamientos para la publicación científica electrónica en la Argentina*. Tesis de maestría en la Maestría en Política y Gestión de la Ciencia y la Tecnología (Centro de Estudios Avanzados, Universidad de Buenos Aires).

Feria, Lourdes 2002 "Bibliotecas digitales y aulas virtuales" en *Bibliotecas Digitales* (Colima, México: Universidad de Colima).

Feria, Lourdes y Machuca, Paulina 2003 "Cátedra Unesco en Nuevas Tecnologías de Información: fortaleciendo los servicios bibliotecarios" en *World Library and Information Congress*. 69th IFLA General Conference and Council Proceedings.

Morris, Sally *Comenzando la Publicación de Revistas Electrónicas* (International Network for the Availability of Scientific Publications-INASP). Disponible en <http://www.inasp.info/psi/ejp/morrissp.html> (verificado en enero 2004).

Pitschmann, Louis A. (june 2001) *Building Sustainable Collections of Free Third-Party Web Resources* (Washington). Council on Library and Information Resources (CLIR), 50 pp. <http://www.clir.org/pubs/reports/pub98/pub98.pdf> (verificado en enero 2004).

Smith, Abby (september 2001) *Strategies for Building Digitized Collections* (Washington). Council on Library and Information Resources (CLIR), 41 pp. <http://www.clir.org/pubs/reports/pub101/pub101.pdf> (verificado en enero 2004).

Vara, Ana María, H. de Mendoza, Diego (diciembre 2001/enero 2002) "Los nuevos caminos de la comunicación científica" en *Ciencia Hoy* Vol. 11, N° 66. <http://www.ciencia-hoy.retina.ar/hoy66/caminos.htm> (verificado en enero 2004).

Varian, Hall (abril 1997) (Dean, School of Information, Management and Systems, University of California at Berkeley) *The Future of Electronic Journals: Some speculations about the evolution of academic electronic publishing*. Presentado en Scholarly Communication and Technology Conference (Emory University, Atlanta).

Sitios web en Internet (verificado a mayo de 2004)

Biblioteca Virtual de Ciencias Sociales de América Latina y el Caribe, de la red de Centros Miembros de CLACSO
<http://www.clacso.org/wwwclacso/espanol/html/biblioteca/fbiblioteca.html>

BIREME
<http://www.bireme.br>

Campus Virtual de CLACSO
<http://campus.clacso.edu.ar >

CLACSO
<http://www.clacso.org>

Conferencia Internacional de Publicaciones Científicas Electrónicas en países en Desarrollo
<http://www.icsep.info>

DARE/UNESCO
<http://databases.unesco.org/dare/form.shtml>

Directorio en red de instituciones sociales de América Latina y el Caribe, DISALC
<http://www.eclac.cl/dds/noticias/proyectos/6/7796/index.asp#>

Dublin Core Metadata Initiative
<http://dublincore.org/>

FAPESP
<http://www.fapesp.br>

Grupo de Trabajo Regional de la Biblioteca Virtual de Ciencias Sociales de América Latina y el Caribe, de la red de Centros Miembros de CLACSO
<http://www.clacso.org/wwwclacso/espanol/html/biblioteca/sala/grupo.html>

SciELO
<http://www.scielo.org/model_es.htm>

The Journal of Electronic Publishing es publicado por la University of Michigan Press y los artículos en texto completo pueden leerse en
<http://www.press.umich.edu/jep>

UNESCO Libraries Portal-Training
<http://www.unesco.org/webworld/portal_bib/Training/>

Otras publicaciones de CLACSO

- **Revista Nº 13 OSAL**
  Revista del Programa del Observatorio Social
  de América Latina de CLACSO
- **Ceceña**
  Hegemonías y emancipaciones en el siglo XXI
- **Sader**
  La venganza de la historia
  Hegemonía y contrahegemonía en la construcción
  de un nuevo mundo posible
- **Boron**
  Nueva Hegemonía Mundial
  Alternativas de cambio y movimientos sociales
- **Gómez**
  América Latina y el (des)orden global neoliberal
  Hegemonía, contrahegemonía, perspectivas
- **Revista Nº 16 Chiapas**
  Edición Argentina
- **Torres Ribeiro**
  El rostro urbano de América Latina
- **Guerrero Cazar y Ospina Peralta**
  El poder de la comunidad
  Ajuste estructural y movimiento indígena
  en los Andes ecuatorianos
- **Riquelme**
  Los sin tierra en Paraguay
  Conflictos agrarios y movimiento campesino
- **Seoane**
  Movimientos sociales y conflicto
  en América Latina
- **De Barbieri**
  Género en el trabajo parlamentario
  La legislatura mexicana a fines del siglo XX
- **de la Garza Toledo y Salas**
  NAFTA y MERCOSUR
  Procesos de apertura económica y trabajo
- **Boron**
  Estado, capitalismo y democracia
  en América Latina

- **Sader y Gentili**
  La trama del neoliberalismo
  Mercado, crisis y exclusión social (reedición)
- **Boron**
  Filosofía política contemporánea
  Controversias sobre civilización, imperio y ciudadanía
- **Alabarces**
  Futbologías
  Fútbol, identidad y violencia en América Latina
- **Ayerbe**
  O Ocidente e o "Resto"
  A América Latina e o Caribe na cultura do Império
- **Mollis**
  Las universidades en América Latina:
  ¿reformadas o alteradas?
  La cosmética del poder financiero
- **Gadotti, Gómez y Freire**
  Lecciones de Paulo Freire
  Cruzando fronteras: experiencias que se completan
- **Briceño-León**
  Violencia, sociedad y justicia en América Latina
- **Levy**
  Crisis y conflicto en el capitalismo latinoamericano:
  lecturas políticas
- **Schorr, Castellani, Duarte y Debrott Sánchez**
  Más allá del pensamiento único
  Hacia una renovación de las ideas económicas
  en América Latina y el Caribe
- **Singer**
  Izquierda y derecha en el electorado brasileño:
  la identificación ideológica en las disputas presidenciales
  de 1989 y 1994
- **López Maya**
  Protesta y cultura en Venezuela:
  los marcos de acción colectiva en 1999
- **Mato**
  Estudios y otras prácticas intelectuales latinoamericanas
  en cultura y poder
- **Boron**
  Imperio & Imperialismo
  Una lectura crítica de Michael Hardt y Antonio Negri

- **Boron y de Vita**
  Teoría y filosofía política
  La recuperación de los clásicos en el debate latinoamericano
- **Alimonda**
  Ecología política
  Naturaleza, sociedad y utopía
- **Gambina**
  La globalización económico-financiera
  Su impacto en América Latina
- **Ceceña y Sader**
  La guerra infinita
  Hegemonía y terror mundial
- **Ivo**
  Metamorfoses da questão democrática
  Governabilidade e pobreza
- **de la Garza Toledo y Neffa**
  El futuro del trabajo. El trabajo del futuro
- **de la Garza Toledo**
  Los sindicatos frente a los procesos
  de transición política
- **Barrig**
  El mundo al revés:
  imágenes de la mujer indígena
- **Torres**
  Paulo Freire y la agenda de la educación latinoamericana
  en el siglo XXI
- **Lanzaro**
  Tipos de presidencialismo y coaliciones políticas
  en América Latina
- **Mato**
  Estudios latinoamericanos sobre cultura
  y transformaciones sociales en tiempos de globalización 2
- **Mato**
  Estudios latinoamericanos sobre cultura
  y transformaciones sociales en tiempos de globalización
- **de Sierra**
  Los rostros del Mercosur
  El difícil camino de lo comercial a lo societal
- **Seoane y Taddei**
  Resistencias mundiales
  De Seattle a Porto Alegre

- **Sader**
  El ajuste estructural en América Latina
  Costos sociales y alternativas
- **Ziccardi**
  Pobreza, desigualdad social y ciudadanía
  Los límites de las políticas sociales en América Latina
- **Midaglia**
  Alternativas de protección a la infancia carenciada
  La peculiar convivencia de lo público y privado en el Uruguay
- **Giarraca**
  ¿Una nueva ruralidad en América Latina?
- **Boron**
  Teoría y filosofía política
  La tradición clásica y las nuevas fronteras
- **Boron**
  Tras el búho de Minerva
  Mercado contra democracia en el capitalismo de fin de siglo
- **Balardini**
  La participación social y política de los jóvenes
  en el horizonte del nuevo siglo
- **Boron**
  La filosofía política clásica
  De la antigüedad al renacimiento
- **Boron**
  La filosofía política moderna
  De Hobbes a Marx
- **Várnagy**
  Fortuna y virtud en la república democrática
  Ensayos sobre Maquiavelo
- **Torres Ribeiro**
  Repensando la experiencia urbana en América Latina:
  cuestiones, conceptos y valores
- **Gentili y Frigotto**
  La ciudadanía negada
  Políticas de exclusión en la educación y el trabajo
- **de la Garza**
  Reestructuración productiva, mercado de trabajo
  y sindicatos en América Latina
- **Alabarces**
  Peligro de gol
  Estudios sobre deporte y sociedad en América Latina

- **Lander**
  La colonialidad del saber: eurocentrismo y ciencias sociales
  Perspectivas latinoamericanas
- **Boron, Gambina y Minsburg**
  Tiempos violentos
  Neoliberalismo, globalización y desigualdad en América Latina
- **Strasser**
  Democracia & desigualdad
  Sobre la "democracia real" a fines del siglo XX

Este libro se terminó de imprimir en el
taller de Gráficas y Servicios S.R.L.
Santa María del Buen Aire 347,
en el mes de julio de 2005.
Primera reimpresión, 2.000 ejemplares

Impreso en Argentina